正義謊言的罪人

陳金漢　律師

推薦序

透過真實事件與思辨過程，直指人心！

律師，一個令人敬而遠之的頭銜！在其銳利眼神與犀利言辭的背後，實難以得知包藏著究竟是一顆怎樣的心？

與金漢是在朋友餐會中相識，總是在言不及義中互動，總是在杯觥交錯中觀察。雖曾禮貌性互留聯絡方式，私下也未有過片言隻語的交流。直到他送我第一本著作……訊息承載過多的封面顯得有些雜亂，但是「兩滴刺青」的書名，卻別具認知不協調的吸引力。清楚記得，收到書的第二天恰逢週日，就在一路不忍讀又不捨停的閱讀糾結中，看畢全書已是深夜時分。幼年的失怙困頓，並未坍塌他的人生路途；母親的悲憫情懷，更深遠影響他的受想行識。原來在炯炯眼神與咄咄言辭的背後，竟潛藏著一顆溫良而善感的心。

第二天清晨，趁著思緒尚未平復，寫下寥寥數語閱後心情，發出彼此第一則簡訊。下班前接到他的電話，寒暄數語之後，問起我對哪一篇特別有感，我不假思索的回答，令我數度掩卷低迴不已的〈紅蘿蔔燉飯〉那篇。語畢，心中突然升起「莫非這人在試探我，是否只是禮貌性的隨意翻、信口謅？」的念頭，旋即對此小人之心自感慚赧。而後，律師形象淡出，友誼於焉淡入。

大約兩年之後，再次收到他的第二本著作《關於十四》。一口氣閱罷之後，懷著友直之心，直言其中某些情節交代的斧鑿痕，他大肚能容不以為忤，甚至因而有了進一步的「以書會友」交情，彼此若看到不錯的新書，就多買一本送對方。

個人行事龜毛朋友周知，於是有幸成為金漢第三本著作的第一位讀者——校對。據他所言，書中事件皆有所本。由於在校對過程中每個字、每個標點，皆不會放過，因此每句話、每個轉折，也會因過度專注而觸動神經。一路仔細讀來，對於活生生人性與冷冰冰法律所產生的衝擊，有更深更沉的感受與體悟。

自身長期從事做作的消費文案工作，欠缺資格亦難以置喙金漢的文字底蘊。但對自詡資深推理小說控的我而言，金漢不愧是說故事的能手，其中有不少事件透過峰迴路轉的鋪陳敘事，頗得社會派推理的況味。直指人心的貪嗔痴慢疑，在法律面前無所遁形之後，往往不是一時的快意恩仇，而是無止境的唏噓喟嘆。

期望金漢能在繁忙工作中持續創作不輟，一如他私淑的德國律師作家——費迪南．馮．席拉赫（Ferdinand von Schirach），透過真實事件與思辨過程，讓讀者對人生與法律有更深刻透徹的感悟！

侯榮惠（一位半退休的廣告人）

推薦序

卑鄙是卑鄙者的通行證

幸福的家庭都是相似的，不幸的家庭各有各的不幸。用安那．卡列尼娜的這兩句話來形容這本書再適合不過了。

這本書是好友金漢律師執業二十多年面對種種不幸的反思與自白。反思的問題很宏大，大到懷疑法律真的等於正義？在〈真假正義〉一篇中，作者毫不掩飾的寫道：很多時候，很多律師是用踐踏正義來成就自己的偉大。

而在〈三季人〉一篇中，新手律師面對生命中第一件案件，追問自己：一個缺乏道德勇氣的人又將如何成為一個好律師？最後還問道：為了一份工作，每個人到底該支付多少人生的世故？

如果把這些問題問李敖大師，他告訴你：妓女不需要靠性慾來接客，律師不應該靠正義打官司。您會怎麼說呢？

卑鄙是卑鄙者的通行證，高尚是高尚者的墓誌銘。法律之下，雖有高尚，而律師常常是那個通行證的製造者。

多篇故事皆反應了作者心中的道德量尺與現實真相彼此拉扯，面對整個司法系統，作者在高牆與雞蛋間猶豫著。經過二十多年的磨礪，沒有以卵擊牆的壯烈，卻也進化成屢屢與牆來回碰撞的回力球；以機智與些許世故衝擊再反彈，用輕快的撞擊聲嘲笑著體制與現實。

英國哲學家大衛．休莫曾說：理性是激情的奴隸，除了侍奉和服從激情，不能假裝還有別的差事。當律師用法律包裹的外衣侍奉著被告激情後產生的惡之子，這句話看起來格外諷刺。

看完書我想問：和法律打交道的人啊，要有怎樣的心量，才能被迫接受成為不幸與犯罪的吸塵器呢？

我猜作者可能會說：寸土寸金的都市，新台幣能買到律師的心理空間、而權力可以買到法官的。

至於錢買不到的東西，用靈魂交換也行。在〈誰聽明〉一章中，你會驚訝的發現舞台上演技拙劣的過氣演員，只要願意將靈魂賣給浮士德，完全可以蛻變成生活中的影后！許多選擇或許是特定時空背景下無奈的產物，切莫追問人性究竟是光明還是黑暗，只能說人性從來都是幽明之間的，處在灰色地帶，所以別輕易考驗人性。

全書讀完，或許很多人會生出跟我一樣的疑惑：大律師，您真雞婆！

諸多內容作者毫不掩藏身為律師的犀利與尖銳，句句珠璣。而在看似口尖舌快的背後，作者始終褪不去儒家文化下薰陶出的「良知」。法律給予的訓練是法理情，而傳統文化基因給予我們的，更多的是情理法。過猶不及，作者在〈謊言〉與〈回家〉裡展現的是中庸。

用謊言安慰一個擔心孩子的癌末母親，用喋喋不休勸慰堅決離婚的丈夫。我猜事務所應該是沒有合夥人的，否則……

作家大衛・布魯克斯在《品格之路》一書中提出了兩種美德：簡歷美德與悼詞美德。這是個人人都在追求簡歷美德的時代，物質與慾望翻騰，金錢共權力翩舞。恭喜出書，這是簡歷美德嗎？不，我更傾向看做這是一位資深法律人長情的告白。

黃齊睿（Remus，文壇新星）

自序
解剖深層的人性

二〇一三年六月間，蒙好友東方廣告公司侯總經理贈予《罪行》、《罪咎》和《誰無罪》三本書，是德國知名刑案大律師——費南迪．馮．席拉赫的大作，給我內心帶來無比的衝撞與震撼。

感謝侯兄賜予我這個良知的洗滌與人性的啟迪。

也感謝侯兄榮惠和羅兄建發百忙中撥冗為本書細心校對和指正。

我從電腦檔案中列出所有辦過的刑事案件。這二十幾年來，我所辦過的刑案總共不會超過兩百件，且盡是些詐欺、背信、侵占、偽造文書或車禍傷害等之類的芝麻小案，重大案件，寥寥可數。

我用很多的時間整理資料，花了更多的時間去回憶和重建案情，逐案的回憶著當年每個案件在我腦海中所印記的每一張臉譜，包括被害人、被告、證人和家屬，甚至於是檢察官和承審法官。

有些被害人只是記憶裡的一顆頭顱、一具殘屍或一堆白骨。有被告至今還蹲在苦牢，有人早已槍決，有人沉冤已雪，也有的還逍遙法外，繼續他們貽害人間的歲月。較特別的是，有兩位檢察官後來也變成了被告，其中一位尚在服刑中。

歷歷往昔，事杳人非。如過場黑白電影般，一幕又一幕。

刑案，在審判過程中，首重事實真相的發現。每一個案件都是一則殘酷冰冷的故事。但除了邪魅血腥的法律事實外，案件背後某些在判決書中看不見的小故事，往往才是串起案件真正的血肉。

相較於民案，刑案更能透徹人性與晦暗。

殺與被殺，害與被害，從炙熱到冰冷的極境邊緣，往往都轇轕著解不開的愛恨情仇。當情緒情感找不到出口時，悲劇就來了，案件就發生了。

感謝那些我所辦過刑案中的人與事，感謝那一片曾經不光采的黑暗，讓我更體悟人性光明存在的可貴。

如果法律能為自己說話，它們第一個埋怨的人就是律師。

這是哈利．法克斯的一句名言。

我深信不疑。

律師沒有說謊的權利。

這點，每個律師都清楚，但卻沒有律師做得到，不論蓄意或無心。法庭上，除被告外，律師往往是說謊最多的一位。

很多專辦刑案的大律師都忠誠地服膺著一條圭臬：「律師唯一的天職，就是竭盡所能的為被告辯護，別無其他。」

「竭盡所能」，就是問題之所在。

律師，是除了檢察官和法官之外，聽到最多謊言的人，但也可能是被告之外，說謊最多的人。然，辯護和說謊，本屬二事。每一案件，都是先事實而後法律。謊言下的偽事實，又如何能得到真誠的法律？在法庭上，我們都將謊言包裝成是「據當事人所稱……」，這種說法，往往只是律師為了平衡自己心中的那份罪惡感而已。因為很多時候，我們都把竭盡所能的說謊當成是盡力的辯護。

我常想，如果受刑人關進監獄後應有教化功能，那麼，先期的訴訟程序，就更應具備某種教化功能。因為，被告入獄前學不會的又如何強求能在監獄中學會？訴訟過程中能有恕的又何必到服刑中才寬恕。

辯護律師應有半個法官的角色，對被告要有某種程度的教化之功。相同的，檢察官也應有半個辯護人的責任，對被告有利之處，檢察官要有某種程度的注意和提點。這在刑事訴訟法有明文，但卻少有人做到。很多律師往往是被當事人的高酬勞所教化，一味的附和當事人，附和金錢和謊言。很多檢察官也往往在不覺中被自己的高權位所教化，每每將被告視為不赦的罪人，利用恐懼氛圍辦案，對權握的案件和被告欠缺適度的友善。

金錢吞噬律師，權位吞噬了檢察官和法官。

如果你不認同，那你的身分可能是律師、檢察官和法官，或是一隻鴕鳥。

我也常想，為何上過法院的人都不會信賴司法？

態度和器度，適足以說明一切。檢察官、法官和律師的態度都包括在內。

律師，不該是讓謊言淹沒法庭的那個人。

檢察官，不該是讓權力恐懼氛圍淹漫偵查庭的那個人。

法官，也不該是讓權力傲慢充斥法庭的那個人。

每個人都知道，法律如果推不開特權的門，那它也就跨不進人民的心。

很遺憾，現今的社會，往往是反讓特權輕易的敲開敲碎法律的巧門。如果立法、執法者又兼為法律敗壞者，那法律又有何存在的意義？如果大家都可以習以為常的淡看特權的司法關說，那又如何怪罪法律走不進人民的心呢？

二十幾年來，我所辦過的案件，都早已摺進了歲月的櫥窗裡。

年輕時，總以為自己風骨凜然，洞觀世事，是正義的化身，竭盡舌辯之能，在法曹內爭勝爭贏。而今回首，可笑又可悲。某些時候某些案件，扭曲人性所爭得的只是醜惡的勝利，謊言包裹下所贏得的也只是一份扭曲的正義。

法律，本是謙卑的。是律師、檢察官和法官讓法律顯得高高在上。

我深明，法律絕無法救贖已發生過的一切遺憾。律師、法官也不可能實踐百分之百的正義。只希望能早早捨棄那曾經的江湖濁氣和詭辯之舌，再次的用筆溫潤的去解剖，解剖一些過往的人與事，不只是案情和法律，而是深層的人性。

目次 Contents

1 空號

盛夏的午後，赤辣凶惡的豔陽高掛，馬路上熱氣蒸騰，路邊一攤攤的酸梅汁和愛玉冰也冰鎮不了這城市的燥熱，連呼吸的空氣都暗藏著一股令人窒息的憂鬱。

「警察局嗎？我叫魯平，我家住在板橋區金門街X巷X號X樓，我剛剛殺了人，請你們派人來處理。」

是個老人家的聲音。

「先生，請你講慢點，我們要詳細的記錄你……」

「嘟─嘟─嘟─」

沒等線上的女警把話說完，電話早已掛了。

女警覺得很奇怪，但還是按例通報附近警網前往察看究竟。

警方的報案專線，每天都會有幾通惡作劇的電話，但通常是小孩、醉漢或是精神病患，只要值班人員多問兩句，很容易就能分辨。

但這年頭，警察實在難為，不論是否謊報，警方可以瞎忙一場，但卻不容許有掛萬漏一的閃失，否則一經揭露，媒體絕不輕饒，他們總有本事把螞蟻浮誇成大象。立委諸公也會把芝麻綠豆的小事搬上國會殿堂，利用權力分立和免責權，點名署長和部長，藉質詢監督之名，行惡棍流氓之實，頤指氣使的掀桌、潑水和謾罵，竭盡所能的羞辱責難一番。

立委和媒體，始終都是這片土地上最有權力的亂源。

這會不會又是一次惡作劇？

兩位員警開著巡邏車，在路上各從口袋裡掏出了一百元當賭注。

老警員斬釘截鐵的斷定，這只是一件烏龍案。開車的菜鳥警員認為老人家報案，應該不會是開玩笑。這是他所能說服自己的合理推論，也是唯一的選項，因為資深員警享有猜賭的優先權，這是警界不成文的習慣。

一進門，看見屋內景象，兩員警嚇出一身冷汗。

即使是資深老警員，看到眼前這一幕，心裡也直發毛，趕緊用無線電請求勤務中心調派附近警網及鑑識小組前來支援。

一屋明亮的燈火，把眼前這一幕照得更加驚悚慘白。

老人全身濺滿了鮮血，石像般地呆坐在餐桌旁，臉上染著疲憊，雙眼突白失魂，直盯著屍體。

老人一直沒說話，沒驚慌，沒理會員警，看不見情緒，安靜得令人毛骨悚然。

一旁沙發椅上，仰躺著早已氣絕身亡的老婦人，鐵釘鎚就掛在她正中的腦門上，頭額凹陷成一個大洞，帶髮的頭皮掀到一旁，將落未落地垂掛著，頭髮黑得有點不自然，顯然是染過的。髮間沾有幾點狀似麻婆豆腐的腦漿，鮮血順著髮端向後汲滴而下，像個滴漏的水龍頭。凹陷的臉使得五官嚴重形變模糊，前額的血順著左眼及凹陷的臉頰漫向整個左肩膀，再沿著還掛著點滴的左手臂，慢慢的滴落在地板上。

白磁磚把鮮血映得更加透明鮮紅。

命案現場，除了幾個鮮明的血腳印外，包括屋內客廳、房間、廚房、餐廳、陽台及花圃，所有擺設都相當整齊，並無凌亂打鬥的痕跡，門窗亦無破壞入侵的跡象。腦門上的大鐵鎚應就是凶器。研判客廳就是命案第一現場。

警方立刻封鎖現場，由鑑識小組進行仔細地採證，並以現行犯逮捕老人，將他押銬回板橋分局。

魯平，祖籍山東臨淄，民國十八年三月二十三日生，案發時已高齡八十三歲。

死者是魯老先生七十八歲的髮妻張季薇。

魯老先生在分局偵查隊待了快五個小時，沒吃沒喝也沒反應。

分局派出最資深的員警來訊問，老先生依然沉默，從頭到尾一語未發。

筆錄內容除了從老先生身分證上抄下來的個資外，其他一片空白，分局上下全都一籌莫展，案情毫無進展。

警方自我安慰，研判老先生可能驚魂未定，最後決定將他暫先拘留，隔天再續行調查。

第二天一早，警方再次前往魯家搜索，進一步細查其他所有相關的資料，尤其是保險單。

警方搜得魯平夫妻銀行的兩本帳戶，驚見帳戶中夫妻倆各有七百萬的鉅額定存，另有一份登記在魯先生名下的房產權狀，初步排除財殺。

警方同時也查出，老先生曾是國小教師，民國八十一年退休。戶籍資料顯示，老夫妻育有一子，目前行方不明。

除此之外，並無任何其他突破性的進展。

老夫妻沒有手機，也查無任何往來的鄰居和親友，但有件事令警方驚奇不解。

根據魯老先生家用電話最近半年內的通聯記錄，總共撥出一百二十七通電話，但卻沒有任何一通電話撥入的記錄。更奇的是，撥出的電話都是相同的一個國際碼，依國碼可以判定，一百二十七通電話全都是打到美國。資料也顯示，所有一百二十七通電話的通話時間是零，其中最特別的是，有高達八十七通的電話是在案發前兩天所密集撥出。

警方覺得驚奇，試著重撥那個國際電話號碼，結果是——空號。

為何打了一百二十七通？誰撥打的？又是打給誰？為何是空號？

如果報案的老先生就是兇手，那他可能是台灣治安史上最高齡的殺人犯。

警方抱持懷疑的態度，他們甚至不排除行方不明的兒子或其他人涉案的可能性，但初判本案應是熟人所為。

警方請來里長，希望獲得更多的資訊，或者能讓老先生開口配合調查。但顯然沒有太大幫助，老先生依然不肯開口，里長對老先生也幾乎一無所知。

通常，時間越逼近法定移送時間二十四小時，警方就會越失耐性，某些極端的黑白臉戲碼就會在偵訊室裡開始上演，特別是一樁殺人重案。但，本案例外，因為他們面對的嫌犯，是個八十三歲的老人家。

里長聯絡我，要我到分局跟魯老先生談一談，希望對案情進展有幫助。

一開始，我有些為難，因為除非老先生當場同意委任，否則依法只有犯嫌的法代、配偶、直系血親、三親等旁系血親、家長或家屬，可以獨立為犯嫌委任辯護人。但案件的膠著離奇，引發我潛在的興趣，於是我填好委任狀，趕往分局。

就一個老律師而言，要對案件保持高度熱誠和好奇心，並不是件容易的事。

到達時，警方問魯老先生是否要委任律師？

魯老先生用眼角瞟了我一眼，表情不惡不善，隨即一語不發的低了頭。

員警無奈的對我搖搖頭，靜默的氣氛讓我感到有些尷尬。

我透過關係，找了分局裡一位有點熟的員警，概略的了解一下狀況。

我婉請警方法外施恩，考慮讓我和老先生私聊幾分鐘。

其實，除非魯先生願意立即委任我成為他的辯護律師，否則本案已進入偵查階段，在偵查不公開的原則下，私聊情況在實務上是絕對不被允許的，尤其是律師，常被警方視為麻煩的製造者。

「魯先生您好，我是陳律師。」

「很遺憾，發生了這種事，這只是一樁意外對吧？」

老先生依然不動如山，連看我一眼也沒有，詢問室壓迫而安靜，我幾乎能聽聞到老先生有點急促的呼吸聲。

「這是重大案件，雖然依法你享有緘默權，但你的沉默可能會讓事情越變越糟，最後還可能會被法院裁押禁見，關進看守所。」

「既然你是自己報案自首，顯然你已有面對法律的心理準備，你並不忌諱讓警方知道這件事，甚至希望警方能幫忙處理，我希望能為你提供一點法律上的意見和幫助，你願意和我談談嗎？」

任憑我唱足了獨腳戲，老先生依然沉默不語，像座哀愁的雕像。

「好吧！既然你甚麼都不願說，我也不勉強。但我必須強調，我雖然是律師，我們彼此也不認識，但我不是來賺錢的，甚至可以說，我也不是專程來為你辯護的，我只是對這樁案件感到十分的好奇，好奇它背後的故事。我的經驗清楚的告訴我，每滴眼淚都有它的故事，我只是想來這裡聆聽，聆聽一個老人家說說屬於他的故事和心酸而已。一切隨緣，不勉強。」

再一陣的沉默。

「這是我的名片，如果你改天需要的話。」

看來我是無計可施，只好將名片放在他面前，悄然起身。

離去時，我瞥見老人家眼角掛著淚花。

後來，檢察官的所有訊問，老先生唯一回答的問題就是他坦承殺死他的妻子，其他一律緘默，不做任何回答。當然也包括犯罪動機。

檢方懷疑老人家是否替人頂罪？也高度懷疑本案應有共犯？

毫無意外，本案檢方聲押獲准，但考量到老先生是自首和他的年紀，法院並未裁定禁見。

犯案動機，是檢察官在謀殺案中所必須徹查和了解的一部分，即使逮捕到兇手，兇手也坦承殺人，但如果沒查明真正的犯案動機，就一樁謀殺重案而言，也不能算是真正的破案。

然而，在實務上，縱使在欠缺動機情況下，檢察官依然可以依法起訴。通常檢察官都能從相關的證物資料中，合理的自推被告的犯案動機。但如果在一樁謀殺案中無法真正究明犯案動機或推斷錯誤，這對負責偵查起訴的檢察官而言，是莫大的打擊和恥辱，他們甚至會被標籤為不及格的檢察官。

一件刑案的犯案動機，密切牽繫著刑罰的罪責與人性善惡根源的判斷，是法官量刑最重要的依據之一。

有一天，我突然接到魯老先生從看守所寄來的一封信，甚感意外。他表示希望委任我當他的辯護人，但要求我必須遵照他所開出的條件，其中第一條就是：每週至少要到看守所律見兩次。

執業二十幾年，第一次碰到如此奇特的當事人，被告比辯護律師還強勢。

「魯先生，為何改變心意？」

律見時，不待獄警解開他的手銬我就開口急問著。

「律師，你不是說想聆聽一位老人家說說他的故事嗎？」

這是第一次聽到老先生開口，是相當流利而宏亮的山東腔，讓我微驚，他說話的語調帶有溫暖的感覺。

「喔！你願意告訴我？」

我故做質疑。

「只要你遵守我的條件，我願意詳詳細細地告訴你。」

「除了每週至少來這裡律見兩次外，還有甚麼別的條件嗎？」

我很好奇。

「首先，請律師把每次律見時我所口述的內容整理好，下次律見時讓我過目刪修，然後我再口述，你再整理，直到我把故事說完為止，就這麼簡單。」

老先生口吻傲然而肯定，似乎忘了他現在是個殺妻嫌犯。

「就這麼簡單嗎？既然是你自己的故事，為什麼你不自己寫？」

「我老了，視力差了，手也不太聽話，最重要的是，我思緒亂，需要有人陪我慢慢回憶。」

老先生思索了一下，口氣變得溫潤。

「你的回憶和本案有關嗎？」

「有關也無關。」

「這又怎麼說？如果是有關，為何不在法庭上說？」

「檢察官和法官會那麼耐心嗎？我曾當過證人，上過幾次法院，我很清楚，他們官大權力大，只挑他們結案想要的內容問，也只允許記錄和他們提問有關的內容而已，被告其餘的回答都被視為無關本案的廢話。有時他們不耐煩時，甚至還會疾言厲色的斥責制止，展示著他們莫大的官威。這你們當律師的應該比我還清楚。」

「言下之意，你是根本不相信司法？」

「當然不信。我一直搞不懂，一個連基本耐心都沒有的人，怎麼有資格配當檢察官和法官？」

「不相信司法的人又怎可能會相信律師？」

「當然也不相信。」

「為什麼？」

「因為律師往往會為了贏為了錢而不擇手段。」

個性直又白，讓我驚訝。

雖然他講的大多是實話，但身為一個律師，我還是不太喜歡當事人對司法和律師做些過度自以為是的批判。

「律師，我八十幾歲了，我是否罪該當死？不必等法官最後的判決，我心裡早已為我自己的人生下了最後的審判。我只需要有人陪我回憶，不需要別人來替我辯護，你可以接受我的委託，也可以拒絕，若你接受，請依照我的意思，可以嗎？」

老人家明知已挑起我的好奇心，語氣卻偽裝不耐。

我們對眼互視半晌，各自猜忖著對方的心思。

「我答應你，但我必須聲明在先，我也有權利隨時無條件解除我們之間的委任。」

「當然可以，沒問題。」

我原籍是大陸山東省臨淄人。

臨淄是春秋戰國時代的齊都，著名古城。

我懷念我的故鄉，但故鄉已遙遠。

當年，我就讀山東濟南市立第一師範學院二年級，某天半夜，突然被國民政府抓去充軍。從此，再也沒見過爹娘親友。那年，我只是一個才剛滿十八歲的小毛頭。

我本姓毛，在當年軍隊裡，這是一個很礙眼的姓，所以我一直謊稱自己姓魯。民國三十九年，我隨國民政府迫遷來台，在一次戶籍重整時，我就直接謊報姓魯。魯是山東省的簡稱，是想念也紀念我那回不去的故鄉。

來台第三年，我憑著師範肄業的學歷，在某國小謀得教職，同年也結婚了。

今年，我和我太太結婚剛好滿六十年，在鑽石婚紀念日當天，我決定殺了我太太。

其實，這幾十年來，我一直深愛我太太，因為深愛，所以選擇親手結束她的人生。這是我對她最後一次的好，卻只能好得這麼讓人心痛。

因為經濟上的因素，我們直到婚後第三年才敢生小孩。我們唯一的獨生子，名叫魯銘城，自幼聰穎絕倫，從小學到台大醫學院，都十分資優，特別是數理科目，更是出類拔萃，高中和大學聯考都是全國榜首。就我所知，這在台灣的聯考史上，這種雙榜首還是絕無僅有。至今我都還保留著當年大學聯考放榜時各大報紙的特刊剪報，特刊中有我兒子和我們夫妻倆三人的合照和簡介。

那照片，寫盡我們夫妻畢生的榮耀。

都已是四十幾年前的往事了，但從那早已泛黃的剪報中，我依然可以感受得到，當年的我是多麼地驕傲。

因為不能錄音，我只能埋首振筆疾書，深怕掛漏，但才一開場，老先生口述的內容，就深深吸引我，某些疑團在心中不斷的堆積和蔓延。

我太太是苗栗南庄客家人。

當年，台灣社會對於我們這一輩的外省人，不論老少，你們都慣稱我們為「老芋仔」，這是一種語言文化差異下自然的歧視和隔閡。台灣女孩子會嫁給我們這種「老芋仔」，大多是非殘即貧的鄉下人。結婚後，她們也都會和我們一樣，或多或少同受某種程度的歧視或隔閡。

冷漠如牆，歧視是罪。

我太太嫁給我之後，就和老家的親友鮮少往來了。其實，除了學校少數同事外，我們夫妻幾乎沒有任何來往的親友。

從十八歲那年起，我就成了一個孤獨的流浪者。國民政府讓我有所依靠，但也讓我失去了原本所有心裡看不見的依靠。他們所給的，都不是我們想要的，而我們想要的，他們也已全都無法給。

我不喜歡這樣，奈何，時勢比人強。

很欣慰，在那顛沛的年代，在我人生孤寂的流浪路上，有我太太一路相陪。

老師叫鐵飯碗，但在早年也被慣稱為「窮教員」。

全天下都一樣，會念書的孩子永遠是窮人家裡的一盞燈，但也是負擔。

民國七十五年，我花了一整年的薪水，偕我太太飛到紐約大學參加我兒子醫學博士的畢業典禮。那天，做父母的我們，再一次感到無比的榮耀。

我兒子專研免疫醫學，年紀輕輕就榮任國際免疫學會聯盟（IUIS）主席，是相當知名的免疫醫學博士，享譽國際。

我兒子很孝順，打從他開始工作後，每月匯給我們夫妻倆五萬元生活費，至今二十五年了，從未間斷。

多年來，我們戶頭裡的錢多到不知該如何花，心裡卻空虛得不知該怎麼填補。

我媳婦，聽說，聽說也是個醫生，不知道是否就是畢業典禮那天介紹給我們認識的那一位？聽說她父母是台灣早期移民美國的地產大亨。當時因為雙方在台親友都不多，所以並沒回台舉辦婚禮宴客。聽說我兩個孫子都上高中了，也聽說各方面的成績都跟他們父母一樣的優秀。

這些都是我聽我兒子說的，因為我們從來沒有見過面。

不知道是生活中的哪個環節出了差錯，為什麼所有關於為人父母該知道的一切，我們都只能是聽說？

現在，這一切已不重要了。

一九九八年間，我兒子應邀回台參加台灣國際免疫醫學年會，年會在台北國際會議中心舉行。

我永遠不會忘記那個日子。我兒子和我們約好，會在前一天回家和我們一起晚餐。

我太太幾天前就開始張羅，我們一連好幾天都興奮得睡不著，每天從早到晚，我們都一起拚命努力的回憶和討論著，兒子小時候最喜歡哪些菜餚。在討論中，我們夫妻還多次為了兒子最喜歡的到底是雞肉飯還是滷肉飯，面紅耳赤地爭執了好幾回，各自堅持，互不相讓。

當晚的餐桌上有滷肉飯、南瓜炒新竹米粉、清蒸白鯧魚、乾扁四季豆、酸筍片炒三鮮、香菇炒銀芽和何首烏烏骨雞湯。

黃昏時刻，五點、六點、七點、八點，我們在興奮中苦等了四個小時，一直不見人影。

最後，我們只等到了一通電話。

他說因為班機延誤，他會從機場直接到君悅飯店，參加台灣醫界朋友為他舉辦的歡迎酒會。

這一餐，足足等了十一年，圓形的餐桌上，我們竟等不到一個小團圓。

第二天，我們夫妻在十點前就趕到會議中心門口等我兒子。

十二點會議結束後，他在一群人恭維簇擁下走出大門。一見到我們，他快步趨前彎腰來和我們握手：「爸媽，真對不起！大老遠的，不是叫你們不必來嗎，這次的行程很滿也很緊，沒空和你們多聊。今天的會議很成功，大家等我一起聚餐，都是官商政要和醫學界前輩，不好推辭，真的非常抱歉。餐後我又得直接趕班機飛往日本，參加明天一早的另一個會議，你們多保重，有空再聯絡，我一定會很快抽空再回來。」

他用雙手摸摸我和他母親早已皺褶的臉皮，他的手依然帶點嬰兒肥，十分柔軟細緻，和當年孩提時代沒兩樣。但在我們都還來不及開口前，他已轉身消失在那群西裝革履的上流人群中了。

已是十多年前的事了，這無傷的慟，如果不是痛徹心扉，我也不會記得這麼多，記得這麼清楚。

很遺憾，我必須承認，我很討厭我兒子趨前彎腰和我們握手的模樣，作態的客套，毫無溫度的涼薄，那不是記憶中的兒子。我們不是來開會，我們只是單純的想來看看我們十多年未見的兒子，想來跟他簡單聊聊而已。

這是我兒子第一次讓我感到心痛，也是我們最後一次和我兒子面對面說話，雖然我們都還來不及說到半句話。

那一天，真的很受傷。

回家的公車上，我們一路的沉默，一直並肩的正襟危坐，讀著一本陌生的哀傷，好像整個世界都已和我們毫不相干的分離了。

突然間，我太太側身用力的緊抱著我，咧嘴放聲哭倒在我懷裡，在一對女學生讓位給我們的博愛座上。

我沒說半句話，輕輕地拍著她的背。

瞬間，我的視線，模糊了。

我太太向來體弱多病，家族有嚴重的糖尿病史，手腳多處新舊傷口難癒。

七年前，她左腳因蜂窩性組織炎而截去兩趾，從此走路不平衡，經常會跌倒。

我申請了一個外傭看護幫忙照料。但人久病就多疑，沒多久，我太太懷疑我與外傭有不正常的曖昧關係，行為開始乖張無理。

她規定外傭和我不能同時離開她的視線，規定我不能早出或晚歸，還經常無端的搜檢外傭的房間和皮包，誣賴外傭偷錢偷東西，手腳不乾淨，還會以「賤人」「不要臉」等不堪的字眼謾罵外傭。她甚至習慣性地摜摔東西發洩情緒，有時還故意把客廳和浴室弄髒弄亂，再命外傭好好地整理。我屢次勸阻，結果只是惹得變本加厲。

好幾次，我冷眼竊看到，她竟為自己能帶給外傭那樣無辜的折磨而感覺到寬慰的神情。

我很確定，她病了，身心都已病得不輕。

雖然我經常事後再三地向外傭道歉，也暗自塞錢為她們加薪，但外傭還是無法忍受而逃跑了。前後不到一年，她趕走了三個外傭，最後一個向勞工局檢舉僱主不當凌虐成案，結局是我們暫時無法再申請。

三個多月前，我太太因糖尿病引發眼角膜嚴重剝離，兩眼視力急速的惡化，住院一星期。她要求我聯絡兒子，希望在她全盲之前，有機會能再親眼見到兒子一面。

這是一個病母無可厚非的薄願。我極力安撫，告訴她兒子很快就回來了。

其時，那支我們和我兒子唯一可以連結的電話，早就不通了，他沒主動再來電，我也無處可尋。

住院期間，天天看著那麼多白袍身影在病房裡忙碌的穿梭，每個醫生每一句貼心的問候，都讓我感到無比的心痛。

多麼希望，希望其中有一個就是我們那資優絕倫的孩子。

出院前一天，主治醫生告訴我，我太太的視力確定完全無法回復了。

沒太多驚訝，因為我早有心理準備。

深夜，我茫然地獨坐在醫院的家屬休息室，闔眼整理我茫亂的心緒，一再試圖重複地說服自己，是否該下定一個決心了？我害怕，茫然無助……

我在疲困中不自覺地睡著了。

醒來，已是凌晨時分。

慘白冰冷的燈影把醫院的長廊映照得像殯儀館。

突然，我看見我兒子出現在我眼前。

這時候怎麼會……？我心中興奮驚疑地輕揉雙眼，不知自己是否在做夢。定神後才發現，是斜立在書報攤上的醫學雜誌封面照：**嘉惠無數病患的免疫學巨擘——魯銘城醫師**。

這是二十五年來我們父子二度重逢。沒想到，竟是以這種方式再見面。

回病房途中，無名地，我開始悲傷。

案發前兩天，我太太再次的大吵大鬧，說她一定要和兒子講話、一定要兒子回來，否則她就不想活了。

我要她安靜，逼不得已，我把幾個月前電話已變空號的殘酷實情告訴她，也牽著她的手指把電話號碼輸入，再把右下角的重撥鍵指給她。

她一連撥了兩天，每次聽到空號的回應，她就立刻歇斯底里地抓狂，一邊聲嘶力竭的對著話筒哭喊：「你不是我兒子，你不是我兒子，你走開，……趕快叫我兒子來接，……叫我兒子來接……我不想活了……我不想活了。」一邊用話筒不斷用力敲打沙發、桌椅和她自己的頭，直到全身力氣放盡為止。

第二天下午，我在廚房釘掛勾，她已在客廳將自己敲得頭破血流，奄奄一息的癱躺在沙發上。她不再撥打電話，不再嘶叫哭喊。

我沒將她送醫，心想，該是時候了。

於是，我下定了這一生最大的決心：**決定把我們人生所殘剩的歲月送給我那救人無數的兒子**。

接下來發生的事，你應該都清楚了。

律師，謝謝你陪我回憶，謝謝你聆聽完我的故事。

你說，誰是兇手！

在律見魯先生的第二個星期後，我接到檢方開庭通知，庭期訂在三星期後。

我馬上遞出聲請狀，陳述被告因不忍臥病在床的髮妻長期遭受病魔糾纏之苦，一心念於想為妻子減免痛不欲生的殘命，一時失慮而殺妻，請求檢方向亞東醫院調取被告妻張季薇歷次在該院就診的詳細病歷，以資為證，並請求准予將被告無保飭回或交保。

經過五個星期八次的律見後，我已將魯先生的故事整理完畢。

開庭時，我庭呈一份給檢察官，並趁被告尚未押解到庭前，將我最後一次律見時，發現被告似有輕生念頭的情況告訴檢察官，當庭向檢察官請求撤回交保的聲請。

檢察官相當年輕，絕對不滿三十，一副十分聰明洞觀的態勢。

他刻意放慢講話速度來掩飾他的年紀，很客氣的回答我：「大律師，你想太多了吧，真要輕生的話，還需要選地點嗎？我們已依你的聲請向亞東醫院調到所有的病歷，交保與否。本署會參考大律師的意見，依法處理。」

檢察官隨意翻了一下我庭呈厚厚的手稿，順手丟在一旁，不耐而輕浮。

「大律師，內容這麼多，這是論文還是答辯狀？」

「都是。」

我簡單而肯定的回答。

檢察官聽到後，突然停頓下來，瞟了我一眼。

在法庭內，檢察官或法官越是樣板的稱呼和毫無遮掩的客套，那代表他心中早已自有定見，不論是否為偏執之見，爭執是最愚蠢而危險的行為。

我沒多說，但我的確不喜歡他在聰明中夾雜著一股傲慢的態度。
結果，花不到十分鐘庭訊，魯先生被無保飭回。
我想，我又在檢察官面前自作聰明的放了一個大屁。

第二天一早，我接到魯老先生的電話。
現在媒體很糟糕，每天每小時都是重複報導一些扒糞新聞，台灣人也喜歡，他們還有能力可以讓內容更精彩。反正現在景氣差，整個社會也都是靠著挖掘別人的八卦生活，不是嗎？
他說得很清淡，語氣像和尚。
他再次感謝我聆聽完他的故事，並提出他的最後一個條件。要求我當天就把他口述的文稿快遞給平面媒體和電視台。
第三天，里長打電話告訴我，魯老先生已在自宅中上吊身亡。

2 外傭

風過蟬吟，把午夏喚得透明起來。
閒散到中正紀念堂「自由廣場」，牌樓兩旁，群鴿閒漫跳戲，咕咕鳴叫。
有一婦人，打傘佇立鴿群中，不時重複的喃喃自語：**群鴿咕鳴，不在乞食**。
「群鴿咕鳴，不在乞食？」鴿鳴非乞食？那是為了甚麼？深奧又尼采。
走回事務所，笨腦子一路掛著這句話。
電梯門一開，我終於明白了。
這讓我想起了朋友家菲傭的那張臉譜。

瑪莉，是菲傭當中一個最普遍的名字，但湯家的瑪莉聰穎伶俐，華語英語都相當流利，是少數擁有大學學歷的外傭，跟一般外傭通常話少怯生的刻板形象大相逕庭。

僱主湯振博，是一個和善矮胖的銀行經理，家世顯赫，話少而安靜，肥嘟嘟的臉笑起來有點油膩，臉上貼著些許小坑疤，長得幾分蟾蜍樣。

湯太太是家外商公司的女主管，講話精準條理。雖已年過半百，但還稱得上是個大美人。不過因為愛整型，鎮日掛著一副過度尖挺的隆鼻，自鳴得意，從來不清楚維納斯和陰沉邪魅的女巫到底如何分辨。

相對於阿公和老闆的和善，湯太太對瑪莉就顯得尖刻。

一個假日的黃昏，瑪莉上教堂做完禮拜回來，剛進門，老闆夫妻和管區員警坐在客廳，茶几上放著一疊錢。

瑪莉有點驚愕，正欲踅身進廚房泡茶時，湯太太厲聲喝道：「瑪莉，妳過來。」

瑪莉快步走到湯太太面前。

「我問妳，妳得要老實說，這錢哪來的？」

瑪莉不知究竟發生何事，一時不知所措，把頭轉向老闆。

「這錢是妳偷的嗎？」

瑪莉一聽到偷字，馬上跪下，眼眶噙淚。

「太太，我沒偷錢，我絕對沒偷錢。」

「平常放零用錢的櫃子，這兩個月少了兩萬多元，而桌上這兩萬四千元，是剛剛從妳房間抽屜內找到的，如果不是妳偷的，那會是錢自己長了腳跑到妳抽屜的嗎？虧我平常待妳不薄，還膽敢手腳不乾淨。」

湯太太雙手交叉胸前，斜眼睨視瑪莉，拉高嗓音，表情得意而輕薄。

「太太，我發誓，我絕對沒偷錢。」

瑪莉再次把臉轉向老闆，狀似哀求，哭出了聲音。

員警：「瑪莉，妳起來，不要哭，慢慢把話講清楚，告訴我們，妳抽屜的錢到底是怎麼來的？」

「……」瑪莉還是沒敢起身，一直低頭啜泣著。

湯先生把臉轉向另一邊，始終沒出聲。

員警：「妳不講話一直哭，我就沒辦法查清楚，妳一直這樣下去，那我就只好把妳帶回派出所作筆錄移送法院，最後妳可能會被遣送回去，知道嗎？」

一聽到移送法院和遣返，瑪莉心都碎了，哭聲淒厲，直向湯太太磕頭：「太太，對不起！太太，對不起！」

湯太太：「如果不是妳偷的，幹嘛要對不起？警察先生，你就把她帶回派出所吧，我可沒時間聽一個小偷在這裡嚎哭。」

突然，阿公咳了兩聲，拄杖慢慢從房間走出來。

瑪莉趕緊起身上前攙扶。

阿公：「對不起！警察先生，這些錢是我給瑪莉的。」

湯太太聞言臉色大變：「是嗎？你給的？那她為什麼不敢說？」

阿公：「我說是就是，妳插甚麼嘴！是我叫她不能告訴別人的。」

員警：「阿公，你為什麼會給她這麼多錢？」

「瑪莉平日工作很勤勞，體貼又細心，把我照顧得很好。這半年來，我已經可以從輪椅上站起來了，這多虧是瑪莉每天幫忙我復健。如果沒有她，我可能早就連命都沒了。我很感謝也很喜歡她，錢是我自願給她的。」

阿公對員警解釋完，轉向瑪莉，給她一個溫暖的眼神。

湯太太：「如果是這樣，也要事先跟我們說一聲呀！為甚麼我從來都沒聽說？湯振博你有聽說過嗎？」

湯先生沒搭話，起身走向洗手間。

阿公：「跟妳說妳會同意嗎？連吃頓飯都要刁人了，還奢望妳施恩嗎？這是我兒子給家裡的零用錢，我有使用權利。我每次都是用紅包袋包給她。瑪莉，去把紅包袋拿出來。」

瑪莉馬上到房間拿出幾個紅包袋交給員警，員警審視一番，隨即將紅包袋交給湯太太：「現在事情都弄清楚了，如果沒事，我就先離開了。」

員警離去後，老闆娘輕蔑的飛瞟了阿公一眼。

臨睡前，湯振博夫妻再度為此事在客廳吵了一架。瑪莉本想轉身回房就寢，卻被湯太太叫住，不准她走。

「湯振博，你認為你爸講的是實話嗎？」

「什麼你爸我爸的，注意妳的態度？」

「我甚麼態度？你和你老爸才該注意你們自己的態度，竟然為了一個外傭，讓我在警察面前丟臉。」

「是妳自找的，都不先搞清楚狀況，就亂發脾氣找警察來。還有，妳怎麼可以無端的就亂翻人家的東西，即使是外傭也不可以。」

「什麼叫無端？這裡是我家，我愛翻哪裡就翻哪裡。家裡錢不見了叫無端嗎？我不能找嗎？我不懷疑她要懷疑誰啊？難道懷疑你和你爸不成嗎？你老爸明顯說謊為瑪莉護短，難道你看不出來嗎？」

「那是妳的偏見。」

「外傭是我們花錢請的，我當然有查明的權利，怎麼說是偏見？湯振博，我看是你們父子對我有偏見。」

「只要沒有太離譜，就讓老人家有點空間和尊嚴。他過得好我們就少操心，這樣不好嗎？」

「你好我可不好，他是你爸，以後你自己去養，我可不管。」

「妳媽我們不也是一起養嗎？為什麼我爸就不行？妳講的是人話嗎？」

「至少我媽沒有跟我們住在一起，沒給我們添麻煩。」

「添麻煩？又添妳甚麼麻煩？虧妳說得出口，妳照顧過嗎？妳幫他倒過一杯水給過好臉色嗎？總有一天我們也會老，妳不感謝瑪莉，還可以把人家誤會得這麼理直氣壯？花錢的人就可以不必心存感激嗎？」

為圓一個脆弱的家，這是湯振博在太太面前少有的強勢。

「感謝瑪莉？是啦，我是該感謝瑪莉啦，她把老人家照顧得這麼好，搞不好連他兒子的老二也都照顧了。」

「程敏娟，一直以來，凡事我都讓妳三分，妳該清楚我的紅線在哪裡，請妳眼睛放亮點。這些年來，妳在外面搞甚麼，不要以為我是瞎子。如果想離婚，我隨時可以約好律師奉陪。」

「我在外面搞甚麼？有證據就告上法院，沒證據你就給我閉嘴。不檢點你自己，還有臉說我。如果你名下所有財產都歸我，我們現在就可以馬上簽字。還有，湯振博，請你別忘了，我可認得留在紅包上的字是誰的筆跡。」

說完，湯太太盛怒起身，斜眼狠瞪了瑪莉一眼。

湯振博和瑪莉尷尬對視，背後聽見用力的甩門聲，一屋子微震。

窗外，風過蟬吟，把這個夏夜鳴叫得支離破碎。

三個月後某天。

一早，湯太太剛回家，瑪莉正在做早餐，阿公在客廳看晨間新聞。

準備用餐時，瑪莉連敲了幾次湯先生房門都沒回應，覺得奇怪，請來湯太太。

一開門，赫見湯先生全身赤裸陳屍床上，床單和地板染成一片紅，頭頸上壓著一個染血的白色大枕頭。

瑪莉嚇得驚聲尖叫，湯太太和阿公也嚇呆了，立刻報警。

警方和鑑識人員發現，地板上有一把沾血的生魚片刀，浴廁的小垃圾桶內有一團擦拭過的衛生紙團，檯燈下有半杯水和半瓶安眠藥。

警方依經驗初判，死者已經死亡數小時以上，死亡時間大約是在凌晨十二點到三點間。

警方當場播放湯太太提供的監視錄影帶。

監視錄影中發現，湯先生在晚上十一點就寢後，只有瑪莉在凌晨十二點二十三分進入他房間，一點四十六分走出房間，除此之外，並無其他人進出，因此認定瑪莉涉有重嫌，在簡單採證完後，將瑪莉押銬回分局。

阿公認為事態嚴重，打電話請我到大安分局為瑪莉辯護。

湯太太供稱，她星期五下班後，即直接前往北投的朋友洪龍富家過夜，直到第二天一早七點才回到家。準備吃早餐時，菲傭瑪莉發現她先生沒起床也沒應門，她才和菲傭一起開門進去。一進門即發現先生已氣絕身亡，赤裸陳屍在床。

為求慎重，警方立即傳喚證人洪龍富。

洪龍富到分局製作筆錄，證實湯太太所言屬實，不在場證明相當明確，初步排除涉案之可能。

瑪莉矢口否認殺人，但從兇刀上的指紋及錄影帶等資證幾乎可以確認，兇手應就是菲傭瑪莉無疑。

這簡直是樁辯無可辯的死案。瑪莉很快的在當天就被移送台北地檢署，檢方訊後聲押禁見獲准，當晚就被送進了台北女子看守所。

當瑪莉要被押進囚車的那一刻，她死命的緊拉我的手不放，歇斯底里地哭喊著：「律師，我沒殺老闆，我沒殺老闆，我要見阿公……」哭聲淒厲，令人鼻酸。

我替這個異鄉人感到難過，但也愛莫能助。

隔天，阿公打電話給我，請我立刻到他家一趟。

阿公輕嘆：「瑪莉實在太可憐了。」

我對阿公為殺子兇手的感嘆感到相當疑惑。

阿公邊說邊帶我到他的房間，原來他請人另裝了一台監視錄影機。老人家操作監視器的熟稔程度讓我十分驚訝。

看到一半，我整個人被嚇呆了。立刻拷貝一份，火速趕赴地檢署，面見分案承辦檢察官。

第三天，書記官迅速以電話通知開庭。

這種情況在羈押禁見的案件中是相當罕見的。檢方通常希望被告能在苦牢裡煎熬自省後完全吐實。長押取供？並非全然是這樣，那通常只是羈押後所自然衍生的附屬結果而已，只要不是明顯的惡意羈押，院、檢當然否認，但一般百姓卻沒人會相信。

開庭時，檢方共傳喚了被告瑪莉、證人程敏娟、洪龍富及阿公四人到庭。

瑪莉由兩名法警押解入庭，整個法庭嚴肅而沉悶，只有解銬冰冷的喀喀聲。

一看見阿公，瑪莉微斜著死白的臉，嘴咧唇顫，雙眸深黝而哀傷，說不出半句話，一股心酸不能抑止，在阿公面前輕輕的跪了下來，淚水洶湧而下。

阿公拄杖佝僂的移步向前，用顫抖的手牽起瑪莉：「乖孩子，起來，不用怕，沒事了，沒事了。」

檢察官：「被告程敏娟、洪龍富，你們的手機號碼是幾號？」

程和洪：「0910123×××、0928756×××」

檢察官：「案發當晚你們兩個都在一起嗎？從甚麼時間到甚麼時間？」

程和洪：「我們都在一起，從星期五晚上七點到星期六早上六點。」

檢察官：「在哪裡？」

程和洪：「在洪龍富北投泉源路家中。」
檢察官：「包括睡覺也睡在一起嗎？」
程和洪：「是，都是睡在一起。」
檢察官：「中間你們有沒有任何人離開去別的地方？」
程和洪：「都沒有。」
檢察官：「那麼，既然你們整晚都在一起，那你們也都沒有打電話給對方囉？」
程和洪：「對，都沒有。」
檢察官：「你們這樣的關係在一起多久了？」
程和洪：「差不多四年多了。」
檢察官：「這兩份通聯記錄上的電話，是不是就是你們的電話號碼？（請法警提示證物）」
程和洪：「是，沒錯。」
檢察官：「當晚你們有把手機借給別人使用嗎？」
程和洪：「沒有。」
檢察官：「根據這份通聯記錄，你們兩人當晚前後共有四次通話記錄，你們做何解釋？」
程和洪：「嗯……我們整晚都在一起，根本沒必要打電話，如果有的話，可能是不小心按錯了。」

檢察官：「還有，根據你們手機衛星定位資料顯示，你們通話時的位置一個在新北投捷運站附近，另一個則是遠在大安森林公園附近，你們又如何解釋？」

程和洪：「……不可能，我們都在一起，一定是資料錯誤。」

檢察官：「好，你們怎麼說，我們就照你們所說的記錄下來。」

檢察官請書記官當庭勘驗監視錄影帶。

檢察官：「好，暫停，洪龍富，根據螢幕上監視錄影光碟顯示，在案發當時凌晨兩點五十分十二秒，有一戴手套的男子開門進入湯家，光碟影片中的男子，是不是就是你洪龍富？」

洪龍富全身發抖，側身瞄了程敏娟一眼，然後低下頭，很久都擠不出一句話來，卡其色的褲襠下濕暗成一片。

檢察官：「洪龍富，你看清楚，然後請你清清楚楚明明白白的告訴我，螢幕上的男子到底是不是你？」

洪龍富：「……是……是程敏娟叫我做的。」

檢察官：「好，暫停，凌晨兩點五十分十六秒，你從廚房拿了一把生魚片刀，是嗎？」

洪龍富：「……是程敏娟叫我做的。」

檢察官：「好，暫停，凌晨兩點五十三分二十一秒到八分十四秒，你進入死者房間，殺死被害人後走出他房間，是不是這樣？」

洪龍富：「……全部都是程敏娟設計好，要我照做的。」

檢察官：「被告程敏娟，妳承認和洪龍富共謀殺害妳先生湯振博嗎？」

程敏娟毫無猶豫，依然孤傲得像隻孔雀般的回答：「我承認。」

檢察官：「好，那能不能請妳詳述一下整個過程？」

程敏娟：「我先生是XX銀行經理。七年前，也就是我四十九歲那年的夏天，我和我先生一起參加北歐十五日遊，連同我們在內，同行的共有七對夫妻。第一晚，我們在丹麥首都哥本哈根的一家酒吧狂歡到凌晨兩點多，每個人都喝得泥醉。隔天醒來，我發現裸睡在我身旁的竟不是我先生。一開始我相當憤怒，詢問後才知道，除了我之外，所有人都知道這是怎麼一回事。一回生二回熟，我很快的接受了這樣的遊戲。最後幾天，我甚至有點發自內心的喜歡。那趟北歐行，除了我先生外，我和同行的另外六個男人都睡過。回台後，我經常和我先生一起進出某個高檔的換妻俱樂部，同年，我們又參加了北海道、帛琉、台東知本溫泉之旅。第二年……」

程敏娟突然停下來。

檢察官：「第二年又如何了？」

程敏娟：「第二年，俱樂部舉辦美西十二日遊，我先生不讓我參加。我們為此吵了好幾回，我像上癮似的不肯罷休。最後他坦白告訴我，俱樂部規定女伴不得超過五十歲。後來，我知道他找了一個經紀公司小模替代我。我也很清楚，以後我不可能再參加他們的活動了。我為此懷恨在心。當他回來時，我剪破他衣櫃裡所有的西裝、領帶和襯衫。也從那次後，我們就開始分房睡，各自生活，彼此形同陌路。四年多前，我開始放縱自己，經常涉足聲色場所，後來我在長春路的一家牛郎店認識了洪龍富，他的外號叫小蠻牛，我們固定每星期五晚上共度一宿。我外遇的事我先生完全知情，我甚至主動暗示他，但令我憤怒的是，他根本完全不在乎。」

「兩年前，他第一次向我提議離婚。我開出一個條件，就是所有財產歸我，我知道他不可能同意，我也不希望他同意，因為我自認為我還是深愛著他。但慢慢地，我心中日積月累的恨取代了愛。去年，他爸爸突然中風，我們為他申請一個外傭，就是在場的瑪莉。說實話，瑪莉還算是個不錯的女孩，但我就是不喜歡她的年輕貌美，不喜歡她的善良和貼心。自從她來到我家，我心裡從來就沒好過。我了解我先生的癖好，出問題是遲早的事，但我心有不甘，於是從第二個月起，我私下請人在客廳安裝了隱藏式監視器。半年後，我發現他們都固定趁我外宿時偷偷發生了姦情，每次完事後我先生就會給瑪莉一個紅包。於是我就將計就計，想以偷竊為由將她趕回菲律賓，孰料，正將計成時，我公公出面壞了我的所有計畫。從此，我覺得我這個女主人變得比外傭更像外人了，我恨透了，我真的恨透了他們。後來……。」

程敏娟哽咽了。深吸了兩口氣，稍理情緒後，繼續答問。

「後來，我又想到另一個辦法。首先，我先請通訊行將監視器重新設定，每天從凌晨兩點到六點自動斷訊。案發前一天，我故意買了未切的生魚片回家晚餐，並確認瑪莉在刀上留下指紋，當晚我和洪龍富在新北投，透過智慧型手機與監視器連結的遠端視訊，我可以清楚的知道，我先生何時進房間，瑪莉又是何時進出我先生的房間，當然，我也知道我先生有服用安眠藥的習慣，等兩點監視器斷訊後，我再打電話給在附近的洪龍富進入我家行兇。一早七點，我再裝作若無其事回到家，和瑪莉共同一起意外的發現這起命案。」

檢察官：「證人程敏娟和洪龍富當庭改列為被告。被告瑪莉當庭飭回。」

檢察官：「湯老先生，能不能請問幾個問題？」

阿公：「檢察官請說。」

檢察官：「你為甚麼會想要另裝一台監視器？」

阿公：「我兒子他們夫妻早就失和了，我比誰都清楚。我兒子和瑪莉間的事我也知道。妒忌是女人的天敵，家裡有如此強悍善忌的女人，遲早一定會出事。」

檢察官：「那為甚麼你沒有當場把錄影帶交給警方？」

阿公：「我是在警方離開後才查看我的監視器。我看完後的第一個直覺就認定是程敏娟這個壞女人找人來行凶的，因為凶手有鑰匙直接進我家，而且熟知我兒子睡的是哪個房間。最重要的是，我必須和律師設法先引出監視器裡的凶手。誰知第二天律師一看就馬上認出來，凶手就是到分局替程敏娟作證不在場的證人洪龍富。如果洪現身前就將錄影帶給警方，我和瑪莉很可能就反成了程敏娟的不在場證人，瑪莉也會成了這樁案件的代罪羔羊。」

真相大白了，但從來沒有人會是刑案真相下的贏家。

我和瑪莉一起扶著阿公步出法庭。

回家的路，漫長。

3 真假正義

日本知名的大律師福田正夫曾經說過：**不辦刑案的律師可能會是有錢的律師，但絕對不會是偉大的律師，因為人權上的正義永遠大於金錢上的正義**。

表面上看來，這是正確而無可挑剔的一句話。然實際上，刑案上的無罪並不等同於真正人權正義的實踐，有時剛好相反，很多時候，很多律師是用踐踏正義來成就自己的偉大。

在很多歐美國家，律師依照資歷和專長能力，區分大小和專業科別，涇渭分明，特別是民、刑事案件。除了考上後的實習訓練外，通常你不會在刑事大樓看見民事專業律師，反之亦同。

在台灣，除了少數大型事務所外，律師是統包業，只要能與法律沾到邊的，不論案件大小都是業務範圍，就像一個開心臟醫師也可以兼割包皮一樣。很奇怪，但也見怪不怪，而且每個律師都被稱為大律師。

當然，一般律師也有個人執業上的偏好。我有朋友在念完台大電機且留完學後再轉念法律，對專利案件都能無往不利。有同學喜歡辦民事案，認為民案較沒有腥風血雨的晦暗面。但也有人偏愛辦刑案，認為刑案能徹底的反映人性，才是律師真正的挑戰，司法正義才是一個律師所追求的終極目標。

一般而言，民案端看筆功，刑案就得學會聽音辨色。偵查中察看檢察官臉色，法庭上得看法官臉色，因為他們的語絲和色相都隱含著心證的痕跡，而他們的心證往往決定了案件未來的結局，這是律師在法庭上必學之另類的態度證據，因此，除了專業外，懂得察言觀色是一個刑案律師的必修課程。

丁曉芳約我在羅斯福路二段古亭捷運站出口旁的一家咖啡館見面。

她的舉止顯得有點防衛性的拘謹，臉上掛著輕憂，但頭腦清晰，說話條理，氣質出眾，是典型的法官樣。

我們只能算是不太相熟的同鄉，同鄉方便溝通，不太熟可以避免不必要的尷尬或謠傳。

除了桌上那份社會版頭條新聞外，實際上她對整個案情知道的並不多，能深談的更少。死了一個人，又是國際毒品走私大案，報上社會版頭條所載的聳動內容是事實？還是冤案？她不知道為何會突然發生這麼重大事情，也不知道是否該告訴母親？又該如何開口？她希望委任我為她弟弟的案件辯護。

我已經十幾年沒接過毒品案了，尤其是這麼重大的死刑案。

起初，我很猶豫，因為除了那份報紙，我對整個案情了解的很少。除了律見聽取被告的片面之詞外，沒有任何可供參酌的資料，沒資料就無法做法律上的評估，我對辯護內容可說是毫無把握。

通常，我都拒絕沒有辯護空間的案件，特別是毒品案，向來都是我的拒往戶。

最後，丁法官臉上的憂鬱征服了我的猶豫。

丁志彬原本住在新北市三重區重新路，早在兩歲時父母就離異。丁志彬和姐姐丁曉芳隨媽媽搬回雲林台西的娘家，住在舅舅免費供給他們的舊工寮。舊工寮是十幾年前外公外婆的漁塭廢養後所留下，工寮四周都被廢養池所包圍，百公尺遠的海堤外就是一片汪洋的台灣海峽，離最近的一戶鄰居，少說也有數百公尺遠。每晚入夜，與他們一家三口相陪的，就是一片數不盡的黑和那狂亂的野風。

「大海會說話，黑夜會說話，風雨會說話，有時候，就連寂寞也會說話。它們給了我很多童年無聲的故事。」丁志彬這麼說。

我了解，因為那裡也是我的故鄉，那裡同樣交織著我的童年，我的夢。

丁志彬的母親原本四處打零工，後來六輕來了，母親就成了六輕廠內外包商的散工。原來聽說六輕對附近居民有補助，後來卻只補助麥寮鄉民，毒煙吹給台西四湖，錢卻只補助麥寮，豈有此理，丁志彬不喜歡六輕。

關於父親，聽說是母親的國中同學，也住台西街上，是姓丁家族裡的大戶人家。除此之外，丁志彬幾乎一無所知，母親未曾提起，他們也不敢多問。姐姐偶爾說得口沫橫飛，他不信，因為姐姐只大他一歲，不可能記得那麼多。

每個小女生都愛織夢，尤其是在現實生活中失落的夢。

他知道，姐姐只是編故事在騙他，也騙自己。

每天放學回家，丁志彬和姐姐丁曉芳就得開始拚命的寫功課，他們要在媽媽下工回家前把功課做完，因為晚飯後，他們就得要和媽媽一起削荸薺，把盤商定時送來的兩大帆布袋荸薺削完，通常削完時都已過了十點鐘，那已是該上床睡覺的時間了，所以他們幾乎沒任何空檔時間可以玩，只能邊工作邊抬頭偷看電視。只要不誤事，母親通常不會太嚴苛，因為在母親心裡始終都覺得，對兩個孩子有很多的虧欠。

半夜，丁志彬會躲到廁所偷看向同學借來的漫畫書和情色小說，那是國中前他放學後唯一的娛樂。

第二天一早，天微亮，姐姐還得提著籃子，走到東村一公里外一戶人家的菇寮棚去剪菇頭，每早工作一個半小時，工資五十元。

法律不是嚴禁童工嗎？但在那年代，哪戶窮人家的孩子不曾是童工？

記憶中，大表哥梁松雲是唯一常來探視他們的人，表哥大他十二歲，兩人都屬虎，十分投緣。

每逢農曆年，表哥都會開著一台又黑又亮的進口車返鄉，像聖誕老公公一樣帶來很多的禮物和驚喜，把台北說得遍地是黃金。他打從心裡的崇拜表哥，也嚮往台北，在國中時期，他就下定決心，總有一天，他一定要逃離這片枯燥死寂的土地，到台北跟隨表哥闖天下。

畢業前，丁志彬就時常向媽媽提起畢業後想到台北闖蕩的想法。說是商量，其實是有心的預告，一來是想讓媽媽早有心理準備，二來是丁志彬預料到自己可能連三流的職校都考不上。

媽媽始終都以為他的成績平平，殊不知丁志彬平凡的成績中，竟還有一半都是從鄰座的女同學抄來的。姐姐要他讀完高中再說，但丁志彬心裡明白，媽媽現在最需要的是有人幫忙賺錢分擔家計，讀書這種不費力的重擔就交由會念書的姐姐負責了，姐弟倆分工合作，各司其職。

拿到畢業證書的第二天，丁志彬就迫不及待的北上找表哥了。

表哥梁松雲開車去車站接他，直接帶他到三重參加一個廟會。

廟會是三重的萬安宮所舉辦的，信眾剛從台南南鯤鯓進香回鑾，回鑾的兩輛大巴就隨便違停在路邊，幾個八家將的陣頭在路邊劃地為王，踩著誇張的法步，好奇圍觀的路人比信眾還多，使得原本就紊亂擁擠的交通更加擁擠紊亂，警察視若無睹，似乎對神明廟會的活動都特別容忍。從旗幟的顏色、形狀和每個成員彩繪的臉譜就可分辨，接駕護駕的共有三個陣頭。

突然，陣頭中的兩個八家將和官將首，手持法器相互作勢對峙，互不相讓，剎時如魔鬼般的殺氣騰騰。

丁志彬嚇得緊抓表哥的手，表哥要他別怕，他們雙方彼此都認識，只是擺個場面搞氣氛，給信眾熱鬧熱鬧，也給廟方面子，不會真的打起來。

丁志彬放了心，卻仍不明白，表哥所說的擺個場面搞氣氛究竟是何意。

不久，表哥載他回泰山近明志工專巷子內的家，表哥家是一棟三層樓的透天厝，每層六、七十坪大，相當寬敞。

表哥住三樓，一樓是供奉關聖帝君的神壇「代天宮」，神壇下有一張大供桌，兩邊擺放著幾張油髒得發亮且凹陷見底的破沙發，牆面及天花板早已被煙燻成焦褐色，掛牆的匾額上布滿糊散暗黃的潮漬，地方代表的名字幾乎都已看不清，宮外擺放一個刻有龍紋的大香爐。二樓是宿舍，住了十幾個年紀和丁志彬相仿的中輟生和八家將，到處都是垃圾、菸蒂、酒瓶和檳榔漬。

當晚，丁志彬就住在表哥安排好的二樓宿舍。

來台北兩個多月了，丁志彬還是無所事事，整天像蒼蠅般的，在垃圾堆裡飛舞。他閒得發慌，心中卻有很多難解的謎團。

有一天晚上，表哥拿給丁志彬一盒名片並告訴他，我們兄弟倆今晚好好聊一聊，有甚麼疑問或不懂的，你儘管問。

梁松雲順手丟給丁志彬一罐啤酒和一根菸。

下個月開始，我會叫林春成帶你出去走走，順便見識一下你未來的工作。這幾盒名片是我叫跛腳志仔幫你剛印好的，我是我們「代天宮」的主席兼新北市八家將聯誼會的副理事長，從今以後，你就是我的祕書。有這張名片，在泰山五股和新莊這一帶，沒人敢動你，甚至在三重和蘆洲也管用。出門在外，年輕人要懂得禮貌，學習謙虛、穩重和低調，將來才能成大器。

祕書？雖然國中畢業，程度也剛好只能看電視和滑手機而已，怎能當祕書？祕書不都是女生在當的嗎？丁志彬傻楞楞的看著表哥，一頭霧水。

八家將和官將首是我們台灣廟會的傳統習俗，是神明起駕或回鑾時，在神轎前面送神和迎神的馬前卒，也就是小神。簡單的說，就是像大哥前面開路的小弟一樣。台灣一般廟宇並沒有自訓八家將或官將首，所以拜拜廟會時就花錢外包，就像以前我們鄉下廟裡拜拜時，會請歌仔戲和布袋戲酬神一樣的意思。

有錢的大廟往往會委請好幾個陣頭，如果陣頭彼此互相認識，兩軍對峙都只是擺擺場面搞氣氛而已，為的是給信眾看熱鬧，給廟方有面子。如果陣頭互不認識或是不同的信眾所委請，為了搶駕，彼此互不相讓，就會時常發生打群架的事件，為的是爭面子、比實力及搶生意。大多數的陣頭都是地方角頭黑勢力的延伸。

我們宮裡的跛腳志仔你知道吧！就是現在負責幫大家買菸酒、檳榔和便當的那個，大你三歲而已，他就是在打群架時被對方的法器七星劍砍斷了右腳筋，在醫院裡住了二十天。對方人馬也有兩人掛彩，各縫了幾十針。

當時警方有到場處理，處理後將雙方十幾個八家將都移送法院，但因當天雙方人馬每張臉都是塗滿五顏六色的油彩，檢察官開庭時，將雙方參加的人馬全部傳喚到庭，當庭「素顏」讓傷者指認，最後檢察官就以被害人無法確切指認被告為由，全部不起訴處分。

當收到不起訴處分書時，每個人都覺得很可笑，爭相傳閱，把檢察官的處分書當成笑話一則。當然啦！這種兄弟案件是由我們黑社會的地下法院自己來管轄，我們通常都是私喬私了，最後對方就賠跛腳志三十萬元了事。

阿彬，你知道嗎？沒社會經驗又自以為是的讀書人叫甚麼？叫腐儒。豆腐的腐，儒家的儒。這是很久以前我委請的一個老律師告訴我的，形容得真是他媽的太恰當了。

不是表哥在吹牛，有時候，我私底下每一個月所實現的正義，都可能比一個檢察官還多，你相信嗎？

我們代天宮陣頭的名稱叫「無極神龍團」，目前核心成員二十四人，外圍有五、六十人，八家將共三組十五人，彩繪師一個，司機兩名，廂型車兩台，每天訓練陣形變換及法步三小時，除了包吃包住外，我每人每星期發給兩千元零用金，出陣頭時每次每個人再加發兩千。每年從農曆年到媽祖生日，還有鬼月到中秋節期間，是我們這行的旺季，其餘時間是淡季，淡季時，我會讓弟兄們做點其他特別的小生意。

在北台灣，我們「無極神龍團」的陣頭勢力堪稱首屈一指，只有土城的「六合殿官將首」是我們唯一的勁敵，這幾年雙方在各廟會的生意搶得很凶。

中秋節過後的淡季，丁志彬開始了他的第一份外勤工作。

他們經常幾個人一組，有志一同的穿著一身黑，一起去參加某幫派角頭大哥或大哥父母的喪禮，名為悼喪，實則是幫派彼此間實力和勢力的較勁。有時候，他們是拿著本票或借據到債務人家中催討債務。

討債時，一有人應門，就先以近乎恐嚇的口吻噴幾句髒話，先聲奪人。如果對方揚言報警，就擱下要債務人三天內還錢，否則會照三餐來照顧他們的狠話，然後在警方趕到前飛速鳥散；如果見對方是可欺的弱者，就直接變本加厲，如凶神惡煞般的，使盡丟雞蛋、潑屎尿、潰漆或撒冥紙的手段，甚至揚言要強押債務人到山上去挑選吉時和良墓。

偶爾，他們會催討到一些小錢，他們就會在分得贓款後，聚在一起大吃大喝的慶功，彼此放肆的自吹自擂一番，吹得好像他們已經占領了整個地球。有時候，他們也會在催討未果時，反過頭來找各種藉口，要求甚至是威嚇委託人，要給兄弟們一點走路工。

一開始，丁志彬相當不習慣這種暴力討債方式，他自己來自窮困家庭，深知窮人家的苦境。甚至有好幾次，他都在睡夢中被債務人的哀求聲驚醒，他的日子過得有些掙扎，但他對自己的處境卻也無計可施。

這些年，某些廟宇和財務管理顧問公司可以合法的設立，等於是政府送給地下錢莊和討債公司一個合法滋生的溫床。

後來，梁松雲把丁志彬調到內勤，每天邀集一些角頭兄弟到宮裡聚賭抽頭，角頭大哥們賭的包括麻將、推筒子和梭哈，丁志彬和跛腳志仔負責幫大哥們倒茶、買菸、買檳榔和提神飲料，最後還要負責清潔現場。

大哥們玩很大，牌桌上除了千元鈔外，沒有零票，尤其是推筒子，下注都是用疊計算，每疊一萬起跳，當然，每次贏家大哥給的小費也不少。

這是個人人想爭的肥缺。幾個月後，宮內小弟終於有不服的雜音出現了，梁松雲最後規定輪流值班，以示公平。每人每天所得一半歸公，由其他弟兄們均分，讓大家都能雨露均霑。

第三年，丁志彬和林春成及跛腳志三人一組，搬到新莊，另兩組到蘆洲和三重，他們組成了「人肉販毒三口組」，積極為梁松雲擴大勢力及事業版圖。

他們每天定時定點的穿梭在捷運站、車站、大小公園和公廁，這些是毒蟲經常出沒的地方。每次都是三人一起出門，到達定點後，他們會先四周隨意繞圈巡視一番，查看有無便衣盯哨。

對有經驗的毒販而言，便衣刑警並不難辨識。休閒衣褲霹靂腰包，外加一雙方便追跑的球鞋，他們眼神銳利卻又故作鎮定，看似漫無目的卻又有一份隨時待命的警覺，而且他們大部分的調調都是三分斯文七分瀟灑流氓樣。

視察完畢後，他們就分散在三個不同角落，首先由老手林春成物色目標談好價格，接著由丁志彬負責收款，最後再由跛腳志交付毒品。

通常，跛腳志交貨前，都是先把毒品用小塑膠袋包好含在嘴裡，如果林春成或丁志彬有狀況或被查獲，跛腳志就快閃，因為他們身上沒有毒品，最多也只能以騙錢的詐欺未遂或詐欺犯（已收錢）法辦，萬一如果是跛腳志被查獲，他就立即將毒包吞下肚，根本不留下任何證據。

偶爾，跛腳志會將毒品膠貼置放在公廁馬桶水箱蓋裡，由毒蟲前往自取。

他們以此方式販毒三年多，在新莊和樹林一帶可說是無往不利，得手上千次，獲利超過千萬，熟門熟路的毒蟲都稱他們是「新樹三口組」。

丁志彬很孝順，每月匯三萬元給母親，向母姐謊稱在一家快遞公司當搬運工，老闆人很好，薪水不薄，工時不長，搬運的物品都很輕，不會很辛苦。

確實，物品都很輕，薪水不薄，工時也不長，丁志彬沒說謊。

後來有一次，跛腳志為警查獲時將毒包吞下，警方將他以現行犯逮捕押回分局，欲以催吐方式讓跛腳志將毒包吐出，但跛腳志堅持要等辯護人到場，聲明在律師到場前，拒絕警方製作筆錄或配合做任何行為。但很不幸的，就在辯護人到場前，跛腳志突然口吐白沫，全身抽搐，暴斃身亡。

因為時間過久，胃酸溶穿了包毒的塑膠袋。

其實，跛腳志的暴斃並非全然純屬意外。新莊樹林一帶的地方黑道傳言，是新樹區的毒品盤商不滿梁松雲不時的撈過界，破壞了道上的默契和規矩，嚴重影響他們的生意，因而故意私下聯合警方打壓，穩固地盤。但梁松雲也很清楚，這種情形通常只是地方毒梟為壯大自己聲勢，在出事後順勢放話搶奪地盤的伎倆罷了，根本與警方毫無關聯。

為避風頭，他們決定歇業半年，結果造成市場大缺貨，各類毒品價格飛漲。

丁志彬和林春成也利用這段時間，數度隨梁松雲到東南亞旅遊，順便考察上游貨源尋找更多的門路。

往後幾年，他們曾以牙膏、茶葉罐（底層）、網球拍（拍框）及手風琴（琴鍵）藏毒走私；也曾在毒磚外層塗抹巧克力躲避緝毒犬的查緝；還曾將毒包裹寄到立委服務處，再以選民身分電請服務處代收；更曾從廣西梧州進口的花旗松木中夾帶成功。

後來，梁松雲在自己被警方盯上後，透過各種關說和協商，犧牲了兩名手下，安家費前後花了近千萬。

當丁志彬和林春成逐漸成氣候時，他們和梁松雲的關係起了微妙的變化，表面上仍密切合作，實際上卻已各擁山頭。

只要能幫上忙的，梁松雲絕不遺餘力。

他心裡明白，讓手下成功，可免後患，也更顯大器。時代不同了，沒有永遠的大哥，更沒有永遠的小弟，沒有小弟成功的大哥都稱不上是真正的大哥。

成氣候後的代價，就是成為警方鎖定的目標，同時也是各方角頭的眼中釘。

他們也清楚，他們撈取的是不見光的偏行黑錢，宛如走在懸樑鋼索上，不容失足，失足的代價就是死刑或一輩子窄仄不見光的黑牢，如何和警方保持恐怖的平衡，永遠是黑道必修的一門課。

丁志彬和林春成終於被盯上了，他們電話被監聽，經常被不明人士跟蹤，林春成只好避居上海，丁志彬也盡量的深居簡出。

根據警方調查，丁志彬的銀行戶頭每個月會固定存入現金三十萬元，疑為販毒所得，然經警方一個月的跟監結果，丁志彬每天行程大多是健身房、三溫暖、股市，或是和朋友一起聚餐喝茶聊天或打麻將，除此之外，日常生活並無異常，也沒有任何特別的地方。

「問題應該就在郵局和火車站。」

跟監的員警突然頓悟。

丁志彬在郵局並沒開戶，只有一個郵政信箱，他卻固定每月月初跑一趟郵局，每次走出郵局時，手上就會多了一個牛皮紙袋，隨即搭計程車到台北火車站，然後從火車站的寄物櫃中拿出一個墨綠色的手提包，再前往蘆洲環河路「愛摩兒」汽車旅館旁的貨櫃屋檳榔攤，從手提包中拿出一個包裹，交給一名坐輪椅的殘障女士，該殘障女隨後就交給丁志彬一個疑似裝錢的紙袋。他們交談得少，停留時間也很短，完全符合毒品的交易模式。

警方終於拼湊出丁志彬販毒模式的藍圖，同時掌握了送手提袋到火車站的男子，他們準備在逮捕丁志彬後再擴大偵辦。

再經幾天的跟監觀察，警方發現，到檳榔攤的某些客人，買一百元檳榔卻都是給一千元而不找零，其中還有幾個是警方列管的毒蟲，使得辦案人員更加確認他們的推測，跨管區領域的成立了一個「破曉專案」，準備收網逮人。

檳榔攤老闆娘名叫洪秀蘭，身形骨瘦如柴，猶如紙片人，兩眼深陷，雙耳掛有一對誇張的珍珠假耳環，一臉誇張的粉彩，是雙腳都截肢至鼠蹊部的一級重度肢障者，和小五的兒子相依為命，住在檳榔攤後方的貨櫃屋，是社會局列冊的甲級貧戶。

某天一早，新莊分局會同蘆洲分局，在偵查隊開個簡單小組會議後，包括小隊長在內，總共十二名員警，編成三個小組，分乘四輛偵防車，分別前往郵局、火車站和蘆洲環河路「愛摩兒」汽車旅館旁。

丁志彬一如往常，先往郵局再到台北火車站。三鐵共構的火車站人潮如織，丁志彬謹慎的左顧右盼了一下，拿出鑰匙打開編號A119的寄物櫃，拉出一個全新的墨綠色手提包，走往車站東出口，逕搭計程車前往蘆洲。

郵局和車站的埋伏員警將狀況回報給第三組，第三組人員早已嚴陣以待。

丁志彬一下車，先摸摸洪秀蘭小兒子的頭，然後把手提袋放在一旁的椅子上，簡單的和洪秀蘭聊了兩句，當他接過洪秀蘭手上的小紙袋時，埋伏員警一湧而上，十分迅速的將丁志彬壓制在地，立即搜身上手銬，一旁還有兩名員警荷槍防範著。

當員警準備要開始大舉搜索現場時，突然被小隊長的叫聲攔住了。看著散倒在桌上的台鐵便當，所有人一片錯愕，面面相覷。毒品變便當，場面相當尷尬而狼狽。

「丁志彬，桌上小紙袋內的三十萬是甚麼錢？」小隊長問。

「當然是新台幣，難道小隊長認為是美金？」

「為什麼洪秀蘭要給你這麼多錢？」

「有借有還，再借不難啊。」

「是不是買賣毒品的錢？」

「當然不是，小隊長大人，到底是怎麼一回事？你們以為我販毒？這也太離譜了吧！小隊長，如果我犯法，就抓我回分局，如果沒有，那我也沒必要再回答，麻煩請將手銬解開，免得妨害我們小老百姓的自由。」

丁志彬認得他就是當年抓到跛腳志仔的謝佳良小隊長。

「丁志彬，你別得意，總有一天我會親手把你送進監獄。」

說完，立刻收隊離去。

丁志彬確實是利用洪秀蘭販毒，洪秀蘭共背負了三個販毒案的定讞判決，寄罪在身待執行，前兩案合判三十年有期徒刑，最後一案為無期徒刑，然因洪秀蘭雙腿截肢到鼠蹊部，身體狀況完全不適宜執行，地檢署也叫警方能不移送就不要再移送。

除非當場抓到毒品交易，否則警方也是無可奈何。丁志彬就是利用這種法律上的不能，大賺黑心財。

其實，是警方見獵心喜，過度自信，沒有仔細查看火車站監視器影帶，也沒詳細搜查A119的寄物櫃，妄斷手提袋內一定是毒品。

有時候，警覺的獵物遠比粗心的獵人更聰明。

丁志彬早知已被警方盯上，他利用流浪漢的人頭辦了六支HTC智慧手機，全部置放在郵局信箱，每月輪流換一支，規避警方的監聽查緝。而由上線毒梟派人將毒品放置在火車站置物櫃，把鑰匙寄到丁志彬的信箱，丁志彬在郵局取得鑰匙，再前往火車站拿手提袋，而後買兩個台鐵便當到蘆洲環河路找洪秀蘭，給她們母子送便當順便收錢。

除了誤認便當為毒品外，其餘流程皆如警方所料。

實際上，每次丁志彬收到上線的是兩把鑰匙，在郵局也另外用人頭開了第二個信箱，在取得鑰匙後，他就把火車站C區編號置物櫃的那一把，放進另一個信箱，然後前往火車站，開啟A區編號的信箱，拿手提袋前往檳榔攤向洪秀蘭收款。

第二天，再由他的女友到郵局的另一個信箱拿取另一把鑰匙，再到火車站，從C區的置物櫃取貨送交給洪秀蘭。

丁志彬逃過了一劫，但洪秀蘭的檳榔攤也因警方天天派人站崗而關閉。

六個月後某日。

機長廣播：「各位旅客大家好，我是機長XXX，因為氣流不穩定，我們即將經過亂流區，飛機將會有點搖晃不穩的狀況，請大家回座並繫好安全帶，以免意外，謝謝大家。」

林春成有輕微的幽閉恐懼症，生平最討厭搭飛機，一上機就坐立難安，緊張兮兮，聽到機長廣播後，額頭冷汗直冒。

「春哥，喝杯酒緩和一下吧！」

「不用了，我沒事。」

「別逞強了，想當男子漢的話，現在不是時候。」

「阿彬，我老婆已懷孕六個月了，下個月我們就要帶大兒子一起搬回花蓮，以後台北的事你就多擔待了，有空的話，常帶女友到後山來走走，我會請朋友從山上弄些奇珍異產來好好招待你們。」

「春哥，放心啦！你留個帳戶就好了，其他的事就交給我。」

「阿彬，江湖路終歸一場空，是該考慮洗手的時候了。」

「靠！洗手？我天天都在洗。洗完了，其他弟兄們要喝西北風嗎？」

「試著放手吧！一枝草一點露，放手後兄弟們自然就會有路了，就像當年你表哥梁董一樣，放手讓我們飛出自己的一片天。『每一種生命都會找出路。』我記得這句話是在大導演史蒂芬·史匹柏《侏儸紀公園》第一集裡的對白，我始終深信不疑。」

「好啦！聽進去了啦，我會認真考慮啦，幹嘛講得那麼正經？還拿大導演史匹柏來訓我，當我是恐龍嗎？」

「當然正經，你老姐都當上法官了，你總不能一輩子都幹搬運工這行吧？萬一哪一天……。」

「春哥，你甚麼時候變成烏鴉了？不過，說到我老姐，倒是讓我滿得意的，想當年我逃家前，叫她幫我多念一點書，她真的做到了，還念成法官了，真是了不起。」

「所以囉，你應該從你姐姐的立場多想想。」

「春哥，多謝你啦！」

「春哥，快下飛機了，待會兒我先下，你押後，記得開機。」

「嗯，好。」

丁志彬甫開機，手機簡訊通知聲連響了幾聲，丁志彬急忙查看。

「紅杏出牆了？？？紅杏出牆了？？？」

丁志彬將手機遞給林春成。

「梁董傳來的，連傳了兩次，我看這次真的出事了。」

丁志彬旋即匆匆走進廁所，林春成迅即逆向走向機尾的洗手間。

不久，丁志彬從廁所出來，逕走向機尾洗手間，用力敲了兩聲。

「春哥，你現在怎樣？」

「沒事，你先下，我一會兒就來。」

林春成的聲音有些倉促。

丁志彬無暇多想，抓起包包匆匆溜進了空橋。

林春成一出空橋，立刻被四位航警及便衣戴上手銬押走了，但臉上並沒有一絲的驚慌。

林春成一被帶進航警局，就看見丁志彬只穿著一件內褲坐在牆邊，單手銬在橫鋼管上，兩人錯身交會時，林春成向丁志彬瞄了一眼，點頭示意並說了一句話：「我吃了果凍。」一聲音輕到只有丁志彬和押解的員警聽得見，被員警制止交談，隨即被帶到了另一個房間。

丁志彬本想大叫，隨即又忍了下來。

警方搜遍了丁、林兩人的行李和衣物，除了丁志彬包包裡的兩個保險套外，查無任何毒品；然在經過X光機人體檢測後，發現林春成腹肚內有為數不詳的毒品，丁志彬身體內卻空無一物。

隨後，警方從機上監視器影片中發現，在飛機著陸後，林、丁兩人看完手機，旋即馬上行色匆匆的進了洗手間，其中丁志彬三分十五秒後走出洗手間，林春成則在十分三十二秒後才出來。

警方立即清理機上儲糞槽，從中找到一百二十個保險套，保險套每兩個套成一球，總共六十球，用羊腸線串成一長串，但都已遭割破，警方立即用快篩方式，在保險套內檢驗出有殘存的海洛因毒品成分。

林春成暴斃了。就在警方分車押送兩人回新莊分局途中。

經法醫解剖，從他胃中取出一些已成糊狀的果凍，兩片玻璃碎片，四十球以雙層保險套裝好的海洛因毒品，每球淨重六公克，其中三球已被玻璃碎片割破。

丁志彬全盤否認犯罪。

本案雖沒有直接證據，檢察官還是臚列所有犯罪事實、證據方法和證物資料，將丁志彬以違反毒品危害防制條例第四條第一項運送第一級毒品罪起訴。起訴書文末又以毒品危害社會至深，被告共同走私一百包毒品，數量非少，犯後猶飾詞狡辯，毫無悛悔之意，顯有將其與社會永久隔離之必要，向法院具體求處判決被告極刑。

從被告丁志彬、林春成的通聯記錄可知，兩人熟識且聯絡密切。

兩人均搭乘同一班機入出境，住同一飯店，且兩人機票及住宿費用均由丁志彬刷卡支付。

丁志彬手機接到梁松雲的簡訊：「紅杏出牆了？」乃梁松雲以簡訊通知丁、林二人出事了。

丁志彬接到簡訊告知林春成後，兩人就分別到廁所欲將毒品取出滅證。此有機上監視器影帶可證。

丁志彬順利取出毒品沖入馬桶，林春成因未能順利取出，遂吞下預藏參有玻璃碎片的果凍，畏罪自殺身亡。

林春成經解剖驗屍結果，從其胃裡起出以保險套包裝的海洛因毒品四十包，除遭碎玻璃割破之三包外，每包淨重六公克。而從飛機儲糞槽起出的保險套毒品高達六十包，都是從丁志彬進入的飛機中間廁所的儲糞槽所起出，況且林春成一個人的胃，應無同時吞納一百顆六公克毒品之可能。且如僅為林春成一人所為，其既可取出六十顆毒球，理當亦應可取出另四十顆。

檢方以此認定丁志彬和林春成兩人是走私運毒的共犯。

從檢方起訴書所列載之內容，就不利於被告證物資料之證據能力和證明力之推論演繹，其答辯攻防非難。

首先，被告不否認兩人為多年好友，並且經常有聯絡和往來。

機票飯店由被告刷卡乃因林春成為卡奴，無卡可刷。

在泰國五天四夜中，丁志彬一直住在曼谷，林春成有兩天獨飛泰北清邁，此有兩人所下榻的飯店登記資料及機票可證。

梁松雲出庭作證證明，簡訊內容是和丁志彬開玩笑，叫他趕快回國，否則他女友就要「紅杏出牆了？？？」因為是開玩笑，所以最後才會連用三個問號。

而從機上監視器影片亦可看出，飛機從曼谷起飛後至降落前，林春成亦曾用過中間廁所兩次。

又經查，四十包和六十包毒品的保險套是同一廠牌，而從丁志彬行李中所查獲之保險套乃是另一不同品牌。

飛機上之儲糞槽並非前、中、後各自獨立，而是全部集中到中間唯一的儲糞槽統一處理。

另者，人體內走私運毒通常分為兩類，上半部是以吞服方式藏在胃中，出關後再以催吐方式取出；下半部則以塞肛方式藏毒，出關後再以瀉藥催瀉取出。

因為胃裡有胃酸，有溶解致命的危險，因而毒販通常會先將保險套或塑膠袋放在和胃酸相同PH值的溶劑中測試，再配合計算飛機時程，以防萬一。

本案查獲之一百顆毒球，顯應是林春成以吞服和塞肛方式，上下各藏毒四十顆及六十顆，方屬合理的事實推論。

丁志彬否認犯罪。我也始終為他做無罪辯護。

在簡單的結辯後，我當庭請求法院准許被告交保。

簡單的結辯，一方面是因為我心中的矛盾情緒已臻極限，不想答辯太多。再者，一般人在電視影集中常看到的那套激情式的辯護表演方式，在現今法庭上已是少見。我們經常會在法庭上看見一些律師，尤其是一些愛現的年輕律師，和一些口齒不清又喜歡賣老的老律師，誇張地擴大被告的無辜和憤怒，或過度地在法庭上表演自己的辯才無礙，讓整個辯論庭像是場謊言大賽，但那往往會適得其反，把自己的當事人帶到更危險的邊境。

審理結束後，合議庭當庭裁准丁志彬以五萬元交保。

這樣重大的走私毒品案，法院准被告以五萬元交保，這等於提前宣告判決的結果。

我想，我必須再一次的強調，在刑案，無罪判決不等同於人權正義的真正實踐，有時恰好相反，很多律師都是踩著正義來成就自己的偉大和了不起。

開完庭，我一反平常下庭會和當事人交聊的習慣，只舉手向丁志彬示意道別，逕自走向法院對面的金城公有停車場。

回望那棟每天最多人說謊的法庭大樓，我知道，這次我將再次贏得一個重大案件的官司，但心中卻毫無贏的喜悅，因為我深明，今天，我和被告的謊言淹沒了整個法庭。我，只是一個再次踐踏正義的小律師。

我暗想著，丁志彬會從此金盆洗手改邪歸正，還是會因為一次法律上的僥倖而變本加厲？如果是後者，那是誰給了他再次貽害人間的機會？法官、檢察官還是辯護律師？每個法律人在法律上盡責的背後，是否還需再背負著某種延伸的責任？

我點了一根菸，抽著一份茫然的寂寞。

4 一罪不兩罰

林森北路的幾條通，是國家另一個經濟景氣觀測的小櫥窗。這些年，經濟確實相當不景氣，林森北路的酒吧生意已大不如前。十多年前，這裡是條條通，如今已經是條條都不通了，大部分店家都已關門大吉，門首張貼著招租廣告，開著的，也都只是慘澹經營。陸客自由行後，曾曇花一現的稍見改善，但昔日門庭若市的風光，卻早已不再。

颱風剛過，受到外圍環流的影響，整晚都飄著間歇性的小雨，酒吧內生意更顯清淡，只有三、四桌稀稀落落的客人，為節省成本，老闆還把一邊的燈關了，更顯清淡。生意場就這樣，人亮生意就亮，人不亮至少燈要亮，人稀燈暗的，生意怎會亮？真不知老闆是怎麼做生意的。

羅華和馬紹是對來自大陸上海的客人，羅華的國語有明顯的外省腔，馬紹的國語講得像台灣人，台語歌更是唱得十分道地又到味，從詹雅雯的「原來你不識愛過我」到江蕙二十幾年前的「酒後的心聲」，曲曲懇款動聽，台下的人都還以為他是台灣人，但他堅稱自己是大陸上海人。

朱建華很晚才晃進來，坐在最不起眼的角落，背向羅華和馬紹。

朱建華點了一手啤酒，然他一杯也沒喝，只是和公關閒聊著屬於這種場所特有的八卦，他知道自己今晚應該隨時保持清醒和警覺。

閒談中，朱建華從公關口中得知，羅華和馬紹是來自上海自由行的陸客，一起來過幾次。馬紹像是個老台北，台語歌唱得好極了，對台北的一切都顯得熟門熟路。

朱建華沒太多回應，也沒點歌，專注的聆聽著馬紹委婉動人的歌聲，記憶卻悄悄翻牆而來。

凌晨三點了，只剩他們兩桌客人，馬紹已有點醉意，如廁時的醉步明顯已輕飄浮搖，他不經意的向牆邊角落的朱建華輕掃淡瞄了一眼。

朱建華隨後不久也跟了進去。

沒多久，朱建華走出廁所外廊門，薄外套掛在左手，衣衫些微不整，他沒回座，神情自若的逕自走向櫃檯埋單。

臨走前，他告訴老闆IVAN，有客人醉倒在女廁內，隨即扣上鴨舌帽，從容下樓離去。

一打開女廁，赫見馬紹側臉斜趴在門前，右手前伸掛在廁所門板上，上方沾有幾道血爪印，樣子像是伸手要做最後的求救，不奈只差寸步之遙。他左手緊抓頸項，廁所牆上的白磁磚噴滿鮮血，還有幾滴飛濺到天花板，地板上一大灘血泊，濃稠的鮮血還在緩慢地向外擴延，身旁有一把奪命染紅的蝴蝶刀。

目測判斷，馬紹應已氣絕慘死，但未免影響日後的生意，不問死活，老闆還是先報警叫了救護車。

救護人員將馬紹翻過身，抬上擔架，頸項上有兩道深可見骨的刀痕，刀法俐落，一刀在側面的頸動脈，另一刀不偏不倚的橫切在正中咽喉上。一刀封喉，讓馬紹連呼救的機會都沒有。

朱建華今年五十五歲，和呂清祥是好友，呂清祥小朱建華一歲，兩人二十幾年前一起合夥做生意，經營電腦和手機機殼射出的代工生產，因為剛好搭上桌上型電腦快速突飛的年代，兩人合夥賺了很多錢，後來還將工廠移往大陸江蘇的昆山，朱建華在台接單，呂清祥負責大陸工廠生產廠務及內銷，經常往返兩地，是台灣西進大陸的第一代台商。

朱建華三十年前曾有一段極短暫的婚姻，離婚後一直未再婚。

呂清祥已婚，育有一對子女，朱建華和呂清祥一家人彼此十分相熟，經常一起聚餐和出國旅遊。

民國八十八年農曆年前，也就是他們工廠移往大陸的第五年，呂清祥回台過年，和妻子向婉倩狠狠的吵了一架。

事後向婉倩在電話中聲淚俱下的向朱建華哭訴，自從他先生到大陸經商後，這幾年來，呂清祥回台都很少回家過夜，即使回家也拒絕和她同房，她已足足守了三年的活寡。她斬釘截鐵的認定，呂清祥一定是在上海包養了二奶，希望朱建華能幫忙勸勸她先生，甚至希望能讓她先生調回台灣。

呂清祥堅決否認，反稱一切都是向婉倩疑心生暗鬼。

全天下的男人都這樣，就算被抓姦在床了，還辯稱是老二不乖。

朱建華夾在中間，不知如何是好，但他心裡有數。

同年四月初，呂清祥回台掃墓祭祖，八日晚上，呂清祥出門前告訴妻子，朱建華懷疑他侵吞公款，今晚約他出去一起對帳和談判。

先生和朱建華已是多年舊友，一起合夥打拚了近十年，交情匪淺，遠過親誼。她未曾聽他們兩人彼此抱怨過任何事，先生也從不主動向她提起任何公事。怎會突然提起？且說到「談判」這麼嚴重撕裂性的字眼。向婉倩心中暗疑，本想進一步追問究竟，但想起老公這兩天老把離婚掛在嘴邊，心裡就一肚子氣，最後她還是收了嘴，沒多問。

十點多，朱建華和呂清祥一起在長春路的一家酒吧喝酒，兩人都已微醺。

「清祥，你的歌藝還是沒變，唱得真是好，不輸給歌星。」

朱建華嗑著瓜子邊說。

「還好啦！只是隨便唱唱而已。」

呂清祥謙虛得有點臭屁。

「你光靠一副好歌喉，就不知要迷死多少人了。」

「少一張俊臉，光一副好歌喉有甚麼用。」

「別貪心，上天是公平的，吃多貪多了，遲早會撐死人的。」

「你在影射甚麼嗎？最好小心你的言詞和態度。」

「不小心刺到你了，是不是？幹嘛這麼正經又神經？」

「你還是惡性不改，說話老是帶刺，別哪天不小心刺傷了自己。」

「別有嘴說人，卻沒眼照照自己。這幾年你歌藝沒變，但你的人卻變了。」

「你這話是甚麼意思？你給我說清楚。」

「你太太向我哭訴，她懷疑你在上海包二奶。其實我也是這麼懷疑，你說，到底有沒有？」

「當然有，只是地點是台北不是上海。」

「台北？真的嗎？」

「當然是真的，你不就是二奶和小三那個天底下最壞的壞女人嗎？」

「那上海的那個不就是三奶和小四了？」

「你別老是鬼扯！自己疑心生暗鬼。」

「是我疑心生暗鬼嗎？是我在鬼扯嗎？我看是你比鬼還扯。這兩年來公司的帳款短少了好幾百萬，你又怎麼說？」

「所有帳目明細都在台北公司，你不會自己去查，這一兩年公司的訂單越來越少，大陸人的工資越來越高，生意越來越難做，你這個負責業務的不檢討你自己，竟然還有臉來翻我。」

「單子少跟帳目短少是兩回事，你別混為一談。」

「單少了錢當然就少，怎能說是混為一談？」

「每當遇到問題的時候，你就是愛辯，死性不改。我不想跟你瞎扯。錢的事我可以不跟你計較，但小三小四的事可非同小可，你知道我的個性，也知道我感情的紅線在哪裡，要是有萬一，大家等著瞧！」

「甚麼萬一一萬的？你比我老婆還糟糕，老是捕風捉影、疑神疑鬼的，你們這樣我日子要怎麼過？你發誓，你在台灣就百分之百的乾淨清白嗎？如果不信任，那大家就……」

呂清祥話越說越大聲，還沒說完，朱建華已朝他狠狠地送上了一巴掌。

朱建華順手一口把杯底朝天。

埋完單離去，兩人又在酒吧門口大吵一架，朱建華再賞了呂清祥幾個巴掌，並用車鑰匙刺向呂清祥，呂清祥始終沒有還手，額頭汨著鮮血。

最後，呂清祥還是進了朱建華的車子，一起駛離現場。

第二天中午時分，向婉倩一直等不到丈夫回家，手機也不通，打電話到公司，朱建華告訴向婉倩，昨晚他們因公司帳目問題，在長春路喝完酒後，兩人發生爭執，隨後他們又一起開車到淡水，途中兩人再生口角，兩人遂又下車，在關渡大橋上大吵一架，之後朱建華就逕自開車離去，丟下呂清祥獨自一人，至於呂清祥事後又去哪裡，他就不得而知了，也許還醉死在某個飯店床上吧，要向婉倩再等等看。

向婉倩懷疑朱建華所說內容的真實性，但一時也無可奈何，只好再等。

第三天下午，向婉倩還是等不到先生的音訊，十分擔心先生的安危，於是向中山分局報了案。

據檢警調查，他們在關渡橋下拾獲一把小蝴蝶刀、一支手機和一隻皮鞋。

經呂妻確認，手機和皮鞋均是其夫呂清祥所有。

朱建華坦承蝴蝶刀為其所有，但他都是放在車子右前座的置物櫃內，不知為何會掉落在橋下。

根據通聯記錄，呂清祥當天除了撥打一通大陸的國際電話外，其餘四通都是打給朱建華，而從店家監視器畫面可清楚看到，他們兩人在酒吧門口發生激烈的爭執，朱建華連打了呂清祥幾個巴掌，且用車鑰匙刺向呂清祥頭部，呂清祥額頭受傷流血，最後朱建華還強拉呂清祥進了他的車子，一起離開現場。警方也在關渡橋橋墩、朱建華的車子右前座和蝴蝶刀上採集到呂清祥的血跡；而且根據內政部境管局回函，案發後亦無呂清祥的入出境資料。

檢警判斷認為，朱建華可能因懷疑呂侵吞公司六百萬公款而殺人棄屍淡水河，但卻始終沒能打撈到呂清祥屍體，案件頓時陷入膠著狀態。

媒體一連兩天刊載報導本案，像柯南般的替檢調辦案找答案，活生生的幹一場媒體大審判。特派記者遠赴大陸工廠查訪公司員工，確認呂清祥返台後未曾回到大陸工廠和住處。朱建華在呂清祥失蹤後的第二天即四月九日，將公司戶頭中的一百多萬公款匯到他自己個人的帳戶中。媒體甚至於還影射質疑朱建華與呂妻向婉倩關係非比尋常，種種跡象均不利於朱建華。

每個人都清楚，台灣媒體充滿著政黨屬性，尤其是政論節目，它們最大的能耐，就是自命清高的自我標榜和催眠，說甚麼只問是非，不問藍綠。你相信嗎？我相信不是藍營或綠營，它們最後修理打落的，都只是蒼蠅。有時候，媒體也總是舉著自詡的第四權新聞自由的大旗，一切以收視為依歸的危言聳聽，不著痕跡的極盡搬弄顛倒之能，像是個浮誇、說謊、不負責任又能豁免的智障。反正若干日子後，很快的就會有另一則驚天駭聞可以掩蓋社會大眾的耳目，誰又在意先前那被新聞媒體戕害的人最後的下場結局到底又是如何。

案件懸宕了很久，然，即使最終找不到屍體，朱建華還是被起訴判刑十二年，判決書中段載：被告朱建華犯後猶飾詞狡辯，不知悛悔，態度惡劣，且堅不吐實說出棄屍地點，讓死者身後猶不得安葬安寧，惡性匪淺。

判刑十二年，這是殺人罪的基本刑期，一般而言，沒有坦承犯行的殺人罪不可能只判十二年。就本案而言，無罪怕輕縱，重判怕誤判，事實認定有罪而輕判，往往是法官不得已情況下的折衷判決，因為本案根本找不到屍體。

朱建華再次的被警方以殺人罪逮捕了，死者是大陸人馬紹。

朱建華的大哥委任我當他弟弟的辯護律師。

朱建華告訴我，他是在七十八年的西洋情人節當天認識呂清祥，地點是在中山北路馬偕醫院旁巷子內一家名叫「樺谷」的同志酒吧，當時兩人一見鍾情，交往三個月後，他們就在淡水租屋同居共住在一起了。

初識時，呂清祥剛被公司裁員，是個待業中的遊民，他拿出所有的積蓄和呂清祥一起創業，經過十年辛苦的努力，他們賺了很多錢，然而就從第八年起，也就是呂清祥到大陸後的第三年，他發現公司的帳目開始有異狀，經明查暗訪，他發現呂清祥擅自挪用公款五、六百萬，尤其讓他難以忍受的是，呂清祥在大陸上海另結新歡，為新歡買房共築愛巢，他們為此爭執過無數次。

民國八十八年清明節，呂清祥回台掃墓，向妻子向婉倩提出離婚要求，也向朱建華提議分手，為此，他們再次起了口角。

其實，他心裡明白，呂清祥真正翻牆想逃避的，並不是他堅不肯離婚的髮妻向婉倩，而是朱建華。

朱建華事後自己合理推測，四月八日當晚，朱建華約呂清祥談判，呂清祥早已預謀，藉機順水推舟，所以過程中極盡口舌卻不曾還手，而在被毆打得頭破血流後，故意將血跡留在他車上和橋墩，並將手機、皮夾、證件、一隻皮鞋和沾血的蝴蝶刀丟到關渡橋下。之後，再利用在大陸所買來的假身分證和假護照飛回上海，或是花錢利用走私寄櫃方式偷渡到大陸，從此人間蒸發。

當年，他也將他的合理推測告訴檢察官和法官，卻沒人相信。

服刑十年後，朱建華終獲假釋出獄。

十年的牢獄之災，讓朱建華百病纏身，全身布滿紅腫的疤癬，左手掌因風濕關節炎而浮腫變形，而十年不見光的黑牢，心理更是受盡煎熬，他不知自己未來日子還能有多遠，但他知道他失去的不僅是健康的身體和十年的歲月，同時也埋葬了他的人生。

人生無法重來，他痛！他也恨！包括自認英明正義的檢察官和法官，尤其是媒體和呂清祥。他不需要起訴他判他刑的檢察官和法官一兩天的愧疚和道歉，更不需要輿論的同情和嘆息。當年，是媒體審判，媒體殺人。當年，只要呂清祥肯現身，他就能洗刷冤屈，但他卻選擇用人間蒸發作為分手的手段，他堅信自己絕對有報復的權利，要還原當年法院判決的事實。

當晚雖然喝醉了，他確有打呂清祥，用車鑰匙將呂打到頭破血流，但他絕對沒有殺人。朱建華堅信，呂清祥並沒有死，他依然還存活在人世間的某個角落，他知道他的生活習性，確信總有一天，自己遲早會在某個特別的地方找到他。

雖然已經十四年了，縱使化成灰，朱建華也依然認得呂清祥的模樣和他那獨特的唱腔和嗓音。

朱建華認為，自己在十四年前就被法院確認殺死了呂清祥，他已被判了刑也服了刑，如今，呂清祥真的死了，當年呂詐死，如今，呂清祥是真死也該死。呂清祥早在十四年前法院的判決書裡已經死了一回，而他也只該被關一次，在刑法「一罪不兩罰」的原則下，他和呂清祥和法律之間，已互不相欠，他殺人，只不過是還原當年司法調查的事實真相而已。

經過ＤＮＡ鑑定結果，確認大陸人馬紹就是台灣人呂清祥。

朱建華受了十年的冤獄，他和呂清祥和法律之間，真能互不相欠嗎？

人生，只因為不能重來而可貴，但某些時候，不能重來也是生命中的可悲。

法律無法彌補已發生的遺憾。

朱建華十年的冤獄，依照冤獄賠償法，每天最少可獲得新台幣三千元的賠償，亦即朱建華依法可以得到一千零九十五萬元的冤獄賠償金，這是當年司法欠他的。如今，他殺死了呂清祥，依法他仍必須再一次接受法律的審判，這是他欠法律的。

歲月，非金錢所能彌補。

冤獄，用再犯來還原和填補，那不是法律，是江湖。

5 看門狗

陳德榮，對這一代的年輕人而言，或許是個陌生的名字，但對很多四、五年級的中壯年人而言，絕對印象深刻。

當陳德榮三十歲時，即擁有美國南加州大學文學和普林斯頓經濟學雙博士學位，還當選過全國十大傑出青年，是個前程似錦的絕優才俊。

據估，陳德榮個人名下財產近百億，家族財富曾名列台灣前十大富豪，是個相當有學養的企業豪族第二代，不論在任何領域，前途都是一片大好，母親也是鼎鼎有名，人稱為台灣三個最有錢的女強人之一。

當年，我的父叔輩們共同打造了橫跨建築、營造、金融、投信、電子、租賃和媒體等企業集團，在極盛時期，集團旗下共有多達十七家上市櫃公司，我們家族曾有多年被富比士評列為全球五百大富豪之一，但那已是二十幾年前的前塵舊事了。

自從亞洲金融風暴後，我們家道日漸式微，我父親辭世後，集團營運更是雪上加霜，在群龍無首的情況下，集團內部分崩離析，奪權爭利事件一再上演，最終演變成玉碎瓦亦難全的地步，整個集團形同瓦解。

我知道，很多人羨慕我含著金湯匙出生，但我卻羨慕深山裡修行簡居的和尚。

自從父親過世，我命運的天秤開始傾斜。

高低是山川，起伏是人生，對我而言，早已體悟；繁華總是三更夢，富貴猶如九月霜，一切我已淡看。

我們兄弟都已淡出集團的經營，我父親身後只留給我集團頂樓的一間招待所，其他一無所有。

如今，我的生活簡單而充實，每週有兩天在D大金融所授課，下課後我在學生餐廳和學生們一起用餐，然後到學校後山散步一個小時。偶爾參加公司一些早已無足輕重的會議，大部分的時間，我都在當年我父親設立的「信望愛亞細亞孤兒基金會」忙碌著。

人，如果總是走在舊的路，那就永遠到不了新地方。在看盡人世間的興衰起落後，我人生只有一個薄願，我希望能藉由父親的基金會，幫助更多的孤兒，讓他們都能看見人生的希望和未來。

以上是名揚企業集團第二代陳德榮教授，在某知名週刊雜誌所出刊的第五百期紀念專刊時，選出台灣未來領袖十大明星人物的專訪中，陳教授的訪談內容摘要，引起很大的迴響和佳評。

招待所，別稱為會館，顧名思義，就是用來招待賓客的場所。

除一般的招待所外，所謂的上流社會的招待所也有公私之分，財團企業的招待所通常較為正式，是大公司為政商關係及重要客戶所設，用來開會及餐敘的地方。私人招待所則是某些社會聞人和名流，為拓展個人政商及黑白人脈關係而私設的聚會場所，這種招待所通常都是交誼和娛樂兼具。

關於某些名人的私人招待所，充滿了神祕色彩，坊間總是繪聲繪影的流傳著許許多多的「江湖傳說」。

餐廳、吧檯和痲將間，是招待所的基本配備，更高檔的還有舞台、舞池、酒櫃、視聽間、按摩休息室和恆溫紅酒儲存室。

在那裡，賓客間談的是政商利益，打的是政治麻將，陪的是外叫外賣的傳播影藝名模，招待所有經常淪為政商名流們小三小四的集合場和情色交易所。

聽說，早期名揚集團的招待所，就是屬於公私混合型的招待所。

六月十五日早上六點多，台北地檢署由三位檢察官，帶領十個檢察事務官及數十名市調處北機組調查員，兵分十五路，分別至陳德榮教授住家、辦公室、學校研究室及全亞鑫、亞敦、亞聯、勤海、啟聖、吉城等多家公司辦公室，連同公司負責人、總經理及財務長家中，同步大規模搜索，最後當場扣押文件帳冊等相關證資三十大箱，被直接帶回約談製作筆錄的關係人共達十一人之多。

好大的陣仗，好比古代打仗時主帥御駕親征，先來個同步搜索，各個擊破，再配合媒體，收網時再給予一個正面迎頭痛擊。

長期以來，台灣各法院地檢署值日外勤檢察官最大的功能就只是負責驗屍，小規模的搜索都是由警調執行。但每年都會有幾次震撼全國的大搜索，但大都是貪瀆和重大經濟犯罪，絕不會是高危險性的槍砲或大毒窟，因為大規模搜索可以打擊犯罪和樹立官威，彌合平民百姓的司法情感，而高度危險性的槍毒搜索案只適合警調，不適宜高官。

高官翻文件，小官找槍械，這是不變的潛規則。

據各大平面媒體和電視頭條報導——

某國立知名大學的金融所財務管理學者陳德榮教授等十餘人，涉嫌在民國九十二年間，以全亞鑫及亞敦兩家上櫃公司所有位於林口及淡水之土地共計六十三筆，向亞聯投資信託公司抵押貸款三十億五千兩百萬，而全亞鑫及亞敦公司在屆滿三年清償期時，仍未如期償還所借債務，亞聯在求償未果下，乃將三十億五千兩百萬元債權全數打入呆帳，再以列為公司不良債權方式，向金管會申請准予出售六十三筆土地，金管會核准申請，結果最後由勤海、啟聖兩家公司各以六億及十三億分別買下林口和淡水之土地結案，亞聯公司在短短三年內，虧損達十一億五千兩百萬元，公司股東損失不貲。

勤海、啟聖二公司購得土地後，再以二十四億元賣給吉城建設公司，吉城公司後來又分別在林口及淡水兩地蓋豪宅出售，再獲利高達十二億元。

金管會核准不良債權出售申請時，雖按法律規定，亞聯公司必須在金管會銀行局的監督下出售該六十三筆土地，且在核准時設有但書規定——亞聯公司不得將土地出售予債務人全亞鑫及亞敦公司之關係人。然經檢調機關查證結果，全亞鑫、亞敦、亞聯三公司都是名揚企業集團旗下的關係企業；全亞鑫、亞敦兩公司向亞聯貸得的三十億五千兩百萬元資金，最後大部分都輾轉流入陳德榮教授以親友所開立的人頭帳戶；而勤海、啟聖、吉城三公司也是陳德榮教授以親友名義所設立的人頭公司，陳德榮教授以五鬼搬運方式掏空全亞鑫、亞敦、亞聯三家公司，不法獲利所得高達二十三億五千兩百萬元。

真是令人咋舌，當大多數的大學畢業生還在為22K賣命時，智慧型的犯罪所得卻都是以億為計算單位。

調查局初訊完後，移往地檢署臨時偵查庭訊問。檢方複訊時，約談到案十一人中，六人坦承犯行，一人與檢察官達成協議，以俗稱的窩裡反條款（Leniency Programs），將其中一人轉列為汙點證人，載明於偵查筆錄中，另有三人依法行使緘默權。陳德榮教授承認以隱名合夥方式和朋友投資吉城建設公司，分別在林口及淡水兩地蓋豪宅出售，個人獲利六千萬餘元，但教授自認為這是合法投資行為，完全否認檢調所指控之所有掏空犯行。

很快的，檢方無保飭回坦承犯行的六人及汙點證人，包括行使緘默權的三嫌及陳德榮教授，則遭檢方以本案另有三位犯嫌尚未到案，且被告間顯有串證滅證及逃亡之虞為由，向法院聲請羈押禁見。

聲押庭開不到一小時，合議庭三法官即一致通過，裁准四人羈押禁見。

其實，緘默權的立意是提供被告一個消極性的防衛權利。在法律上，被告並沒有證明自己無罪的義務。然在實務運作上，緘默權卻變成是一種危險的權利，因為大多數的檢警調人員都忘了，刑事訴訟法在總則第一章第二條即明定，他們應對有利不利於被告的情形，一律都要注意。縱使記得，也都不免在態度上有某種程度上的偏頗，尤其是沒委任辯護人的案件，當事人感受尤深。然，他們卻無感，也不會承認，因為高高在上的權力，讓他們從不會檢視潛藏在自己內心深處那股早已習以為常的傲慢。

我將週刊和頭版報紙一起丟進垃圾資源回收桶。

一星期後，我接到朋友林大律師的來電，林律師希望有機會和幾個律師朋友組成律師團，一起接下這個案子，包括我在內。

下午，林律師的特助偕陳教授公司的公關經理來到事務所。

林律師的特助是個肥胖的中年人，身上有股過重過濃的髮油和香水味，加上一身不相襯名牌西裝，讓人有些不舒服。

他客套的將身體弓成九十度，活像是個行大禮的日本小兵，用雙手遞上名片，再以老成世故的口吻告訴我，林律師及陳教授家屬認為，本案有必要為每個當事人至少委任一個辯護律師，預估總共最少需要十四個律師，一起共同組成一個龐大的律師團，以便將來在法庭上能好好對付檢察官，林律師特別交代，要他親自前來拜訪，希望我能一起共襄盛舉。

是要去法院參加廟會嗎？不然怎會叫共襄盛舉？和檢察官論法交鋒像殺敵打仗嗎？否則為甚麼叫對付？

我皺眉暗想。

這種半桶水的法律邊緣人，是司法界的高危險群。他們浮誇的闊論，總是喜歡故意在言談中，無意的從嘴裡噴出幾個高官名人，讓人印象他是如何的神通廣大，令人感到無比厭惡。

陳教授公司的公關經理站了起來，從他的名牌包中抽出一張支票，瞪大眼睛輕薄的咧嘴一笑，模樣像極了慈禧太后身旁的小李子，他用指尖輕輕的將支票推到我面前，支票是即期的，面額是一百萬。我心一驚，表情似乎完全符合他的預期，他再次的咧嘴詭笑著。

經理接著說：「未到案的三人中，其中兩個是全亞鑫、亞敦兩公司的負責人，另一人是亞敦公司財務長，三個都是我們自己人，目前他們分別在日本、上海及泰國，我們已聯絡上三人，林律師預計找三位律師，下星期一起到香港和他們見面，如果陳律師同意接受委任的話，機票和飯店我們會負責處理，確切時間請律師等候我們通知。」

「為何要飛到香港？」

我知道自己有點明知故問，但我有興趣的是想看他們親口說話的嘴臉。

「大家都是自己人，不瞞大律師，我就直說了，這案件鬧得很大，還在風頭上，媒體三天兩頭就會拿出來冷飯熱炒一番。林律師說他們三人極可能會在入境時直接被警方拘提到法院訊問，而他們答訊的內容將攸關到我們陳董是否能順利交保。經林律師和陳董家人商量評估結果，他們一致認為，為保萬無一失，需要麻煩幾位大律師配合林律師，跑一趟香港，直接和當事人一起討論，將往後的法律程序和內容仔細的模擬推演一番。至於是由哪位當事人委任哪位律師，林律師說到了香港後他會再視情況安排。」

「喔！原來如此，我明白了，心思有夠細密和忠誠的，不愧是專辦刑案有名鼎鼎的大律師。你們先把支票帶回去吧，我先排看看我的行程，明天一早我會給林大律師一通電話。」

其實，我說我明白的意思是，給一百萬元律師費，代價就是和其他三個律師共組一個串證偽證的教唆集團。對一個律師來說，這只是專業中輕而易舉的小兒科罷了。還有，這還是我第一次聽說，當事人和律師間可以像「我愛紅娘」一樣，用配對的方式委任律師。而且，我也終於明白，原來外面的人都稱他為陳董，教授二字，只是他日常生活中的一塊粉餅而已。

每個執業律師都清楚，律師為當事人做事，也為良心做事；法官依法判決，更該依良心判決。當兩者衝突時，該如何選擇？很多律師通常會選擇當事人，因為跟著當事人就是跟著錢，然後再努力地說服自己，兩者從來沒衝突，良心和正義是法官的責任。

法官呢？對他們而言，這從來不會是問題，因為他們認為，只要依著法律裁判就是依著良心，兩者也從來不會有衝突。

端起早已融冰的冷咖啡，站在窗台邊，對街是一年多前新光集團向國有財產局以三十六億標得暫養的小公園。幾個外傭推著掛尿袋的輪椅，陪老人家曬太陽。外傭們圍在一起，開懷的吱吱喳喳，老人家垂首落寞的跟時間拚搏。

老人家們在想甚麼？是在數著過往寥寥的人生，還是所剩不多的未來？他們的現在是否就是我的未來？

我該和大律師一起共襄盛舉嗎？我該接受配對委託嗎？一百萬確實很誘人，律師的價值在哪裡？我人生價值的天秤又該擺放在哪裡？

看著屍陳在資源回收桶裡的報紙和週刊，我疑想著一個連小學生都會的問題，甚麼是資源？甚麼是垃圾？律師對社會而言，究竟屬於何者？為甚麼有人是住豪宅的大律師？也有人只能是蹲在小公寓的小律師？豪宅裡是否有垃圾？公寓裡是否有資源？

轉頭看見立在書櫃裡那本上白下黑厚厚的刑法通論，突然間，我想起了三十三年前大一時，刑法總則林山田老師在課堂上講過的一句話：**律師不能只是有錢人的一隻看門狗**。

想到林老師額禿謝頂又嚴肅的那張撲克臉，我笑了。

6 誰是兇手

七月十五日。

沒預約客戶，怎一早就有人按電鈴？

進門的男子讓我嚇了一跳。

蓬首垢面，衣衫不整，衣領和兩個袖口殘留幾片污漬，遠遠就可以聞到一股薄雜酒氣的酸臭味，手裡拿著一個牛皮紙袋，他的表情有股故作鎮定的怪里怪氣，最特別的是，他那雙紅腫且布滿血絲的眼睛。

這個人應是受到很大的刺激，一整晚藉酒澆愁且哭過，我心裡這樣猜想。

即使有點錯愕，我還是客氣寒暄。

「先生您好，我們這裡是事務所，我們有約嗎？」

我邊說邊示意助理讓我來就好，這種狀況難免引起女助理的不安。

「請問陳律師在嗎？」

他一開口，我差點沒被那股酸臭的酒氣嗆死，但男子講話神態溫和有禮，和乍看到的外表有很大落差。

「我就是，有甚麼事嗎？這邊請坐。」

「對不起！沒預約就唐突跑來，真對不起！」

「沒關係，您貴姓大名？我們，認識嗎？」

我仍滿腹狐疑。

「律師可能不記得我了，我是你小學同學楊瓊麗的弟弟楊正雄。」

「喔！我還記得，你們好像是住在和豐村的湖仔內，我曾去過你們家，小學畢業前你們就搬到桃園了，後來聽同學說楊瓊麗嫁到日本去了，你姐姐她還好嗎？」

「我姐姐一直都住在日本，她很好，謝謝律師，我有……」

楊正雄低著頭，若有所思，話吐到一半又吞了回去。

「你到底怎麼了？怎弄成這個樣子？有甚麼問題或困難嗎？」

「我……能不能請教律師一些法律問題？」

楊正雄馬上避開我的提問，直接入題。

「當然可以，你有甚麼問題？請說。」

「嗯……，我直接這樣問吧，一個人犯罪後，法律上在甚麼情況下一定可以減輕刑責？還有，陳律師，你相信司法嗎？」

他口條有些紊亂，很少當事人會這樣問問題，我不太懂他真正的問題到底是甚麼，但他的態度和語氣倒是相當的認真，好像是已經犯罪或即將犯罪的樣子。

一個不相信司法的人，又怎可能相信律師。

我職業性的遲疑了一下，直視其眼，觀其神色。

「發生甚麼事嗎？為什麼問這樣的問題？」

「沒什麼，只是問問而已。」

我本能的嗅覺到，他似乎遇到大麻煩了。

「沒什麼？只是問問？是這樣嗎？如果只是這樣，那我就更不便回答了。」

他靜默了一下，沒再說話，眼神蛇閃慌浮。

我再次追問：「楊正雄先生，我叫你學弟好了。學弟，要請教律師問題，說實話是前提，只有了解真相，律師才能做出正確的法律判斷幫你。當然，你有權利不吐實，但律師也有拒絕回答的權利。學弟，我是你姐姐的同學，你到底是遇到了甚麼麻煩？你要老實的……」

「律師，對不起，是這樣子，我剛剛發生了一點小車禍。」

「喔！小車禍？是嗎？」

他搶話的慌張樣，我一看就知道，他口中車禍只是隨口臨編假造的，我以不太搭理的口氣隨應。

在律師面前，你千萬別想不誠實又想得到滿意的答案。

楊正雄再次低頭不語，沉默很久，一副無助又想求助的模樣，讓我有點後悔自己敏感多疑的職業病。

「自首，案發後馬上就向警方報案自首，說出自己的真實姓名，刑責得減。警方的每一通報案電話都有錄音和記錄。」

雖然有點為難和不耐煩，但我還是斬釘截鐵的告訴他答案。

「學弟，告訴我，到底發生了甚麼事？也許我能幫上一點忙。」

「律師，謝謝你，我先走了。」

說完，他立即起身離去，再次留給我錯愕和不解。

我在想，善意的背後是否可能醞釀著某種罪惡或悲劇？我做對了嗎？我又有點後悔了，在他轉身離去的那一刻。

整晚沒睡好，滿腦都是他落魄的身影，心裡有股不祥之兆。

楊正雄夫妻結婚兩年多，女兒剛滿週歲，太太是小他一歲的大學學妹，夫妻倆在同縣市不同校的中學教書，楊正雄教美術，住在桃園楊梅岳父母送給他們的舊別墅，在學校附近有間個人創作畫室，生活悠閒自在，在楊正雄被警方逮捕前，親朋好友都認為他們夫妻十分登對，是典型的中產階級，也是學生口中既有才氣、浪漫又貼心的好老師。

楊正雄從小就一直懷著成為一個偉大畫家的夢想，他希望自己能在四十歲以前，在大型的美術館舉辦一場盛大的個人美展，他太太非常支持他，兩人也相當的有默契，他每星期有兩天的自由創作時間，不受任何干擾。

他們家固定每個月舉辦一次餐會，邀集學校同事和親友到家餐敘同樂。

這一天，他人生所有的美好都變了調。

警方來到楊老師家，就在楊正雄出門參加學校畢業典禮前。

警方向他們夫妻簡單說明並出示檢方的搜索票，票上的案由寫著：「涉嫌妨害性自主」，是個讓人十分刺眼的罪名，夫妻倆臉色愕變。

通常，警方的搜索都是鉅細靡遺，十分仔細，跟一般闖空門小偷的翻箱倒篋並沒兩樣。但這次警方只簡單的搜了一下他們家和他的畫室，也只帶走楊正雄的個人筆電和一本素描簿而已，搜索程序在半個小時內就已完成了。

就在他太太還來不及將小孩交給保姆前，楊正雄已被警方帶下別墅台階塞進了警車。他不明究竟，滿臉的錯愕和驚疑，在警車內頻回首，隔窗望著愛妻和那襁褓中的女兒，消失在別墅前的那排樹牆外。

楊妻很無助，只能在驚嚇中淚送。

警方只在楊正雄電腦檔案裡搜到一些美女裸照，別無其他，雖個個年輕貌美，但也只是些平日同事朋友間都會互傳的限制級豔照而已，並無未成年少女或偷拍來的不法照片。

電腦檔案裡的這些照片，在法律上都不足已構成犯罪或做為不利被告之證據，但卻足以影響法官最後判決的心證和論斷。

被告從頭到尾完全否認有任何的不法或犯罪行為。

楊正雄承認教過指控的兩位女學生。

記憶中，她們有去過他的畫室幾次，最後一次就在他被逮捕的前一天。她們在電話中告訴他說，希望能在畢業前特地到畫室來跟老師道別及感謝，她們還買了一束花來送他。

在畫室時，是其中一位女學生突然抱住他，希望老師能在畢業前送她一個吻。楊正雄先是一陣驚訝，然後用力的將女學生推開，另一名女同學好像在一旁大笑的說著：「好丟臉喔！妳輸了。」等之類的話，隨即，她們一起推推拉拉笑鬧的離開畫室，留下一個莫名其妙的老師。

楊正雄後來以十萬元交保候傳。

很顯然，這代表檢察官對他的答辯存疑。

很快的，他被檢察官起訴了。

就在起訴後沒幾天，楊正雄收到了他太太從娘家委託律師寄來的離婚協議書。

開庭時，女同學依例在女法警陪同下，在另一間視訊室隔離訊問（為免被害人看見被告而影響其證述）。

女同學在檢察官詰問時聲淚俱下，泣述著被告是如何長期利用教畫之名，前後在被告畫室裡三次對其性侵猥褻。第一、二次都是她單獨一個人，被告趁著幫她修改素描時，從背後用手碰觸她胸部，用下體磨蹭她的臀部，手再沿胸部滑到她下體猥褻得逞。第三次，她刻意帶同學一起去，老師還是趁她同學觀賞作品背向他們時，突然用手撫摸她下體。她同學看見後尖叫了一聲，她們隨即一起奪門而出，逃離畫室，倉促間，她忘了帶走她的素描簿。

女學生的指控全盤否認了被告的說詞。

另一名女學生是證人，在法庭上業已證述了她是如何的親眼目睹整個過程，作出了和被害女學生完全相同的控訴內容。

訊問完，為求慎重，法官給了兩位女學生紙筆，要求她們詳實畫出被告畫室內的現場圖，包括窗戶、桌椅、圖畫、畫具、石膏像等所有她們記得的物品，及案發時三人之相對位置圖，並要求她們標明各項物品的顏色。

法官向被告提示證物——女學生留在被告畫室的素描簿。

楊正雄一頁一頁翻著，心中一陣驚愕，總共二十幾張的素描，都是被告和另一位體育老師的畫像，其中最後一張的日期是案發前兩天，他的人頭素描被女學生用炭筆打了一個大X。

被告看完後辯稱，對素描簿內容沒意見，但他完全不知道為何會這樣。他只能合理的推測，女學生可能愛慕甚至是暗戀自己？是否當天女學生索吻遭他嚴拒，就此心生恨意，才做出了不實指控。而且，被害人指稱之前曾兩次遭被告猥褻，如果所言為真，那被害人豈有可能主動打電話給被告，說要到畫室道別感謝老師，再一次的到畫室來，再一次的遭侵害。

檢察官否認被告說法，認為那是個人臆測。師生戀在校園雖時有所聞，學生暗戀老師也無罪，但猥褻性侵學生則是不倫的滔天大罪。素描簿最後一張，被告的圖像被被害人用炭筆狠狠的打了一個大X，代表著被害人遭被告侵害後，內心極度的痛恨，因為體育老師的素描圖像並沒有遭被害人打X，況且，被害人和證人當庭所繪製的現場圖內容，與警方在畫室拍照的照片完全吻合，被害人和證人的陳述，可堪採信。

法官最後採信了兩位女學生的說詞，以刑法第二二四條強制猥褻罪名，判決被告有期徒刑兩年六月，判決書中法官認為，法院有合理且充分的理由相信被害人及證人所述屬實。

服刑期間，除了作證女學生母親的一封信外，沒有任何親友前來會客，當然也包括他的前妻。

出獄後，有很長一段時間，楊正雄無法正常生活和工作，因為他的心裡始終走不出這一段令人不堪的陰霾。

楊正雄只有一個心願，縱使遭全天下人都誤解，只希望前妻能相信他的清白。

出獄約一年後，他鼓起勇氣，到太太的娘家找前妻，試圖解釋事實真相原委。

一進門，看見前妻一臉驚愕，身後站著另一個男人。

所有人都沉默，他不知該如何開口，或是開了口又該說些甚麼。

只見已四歲大的女兒右手拉著媽媽的裙角，左手指著楊正雄，天真的問媽媽：「媽媽，他是誰？」就在前妻還來不及回答時，岳母立刻抱起小孩：「妹妹乖，奶奶帶妳出去玩，那個人是來給我們家修水管的。」

楊正雄眼眶噙淚，心中酸楚難抑，悄然轉身離去。所有人再也沒有任何一句話，像在演一齣悲涼的默劇。他心裡明白，人生裡原屬於他的一切，都已回不去了。

有好長的一段時間，楊正雄經常在半夜裡被樓下的關門聲驚醒，他常幻聽到上手銬腳鐐喀喀的金屬聲，及監獄裡厚重鐵門硿硿冰冷的聲響，他也常夢到舍房內雞姦洩慾的景象，和入監裸身驗肛時背後獄警的竊笑聲。還有，毀了他一生的女學生的那張臉，也經常在半夜裡出現，幻化成女巫般的巨大黑影，張牙舞爪的逼向他，他埋首瑟縮地退到牆角，而後被狠狠的吞噬。

有時，他連看見在路上穿制服的女學生，都會不自覺的感到畏懼和憎惡。

他也曾試圖努力的擺脫過往，重新振作。但因前科，楊正雄連最基本的開計程車和保全工作都不能如願，只能靠著以前和在監獄裡作工的一點積蓄，在台北萬華一棟破舊公寓頂樓加蓋的鐵皮屋裡，便宜的分租了一間不到三坪大的蝸居房。

積蓄很快的用光了，楊正雄最後只能找一份在大馬路口或捷運站出口發廣告單，或舉拿人型立牌廣告，每天賺取五六百元的生活費。到了晚上，他就時常提著一瓶米酒，在萬華的小公園和遊民一起買醉，直到醉得不再記得任何事。

有天半夜，楊正雄醉顛顛的走在廣州街回家的路上，騎樓下突然有個貼壁而立的流鶯向他搭訕招攬：「帥哥，今晚要不要？算你便宜，一千就好。」

楊正雄頓時清醒，睜大眼仔細的對流鶯上下打量，仔細瞧了又瞧。即使化了妝抹了粉，他依然記得那張臉，特別是她脖子上的那顆小紅痣。

他故作鎮定，問她過夜要多少？

三千，她很直接。

好，明天晚上十點我再來這裡找妳。

楊正雄瞪眼露出了似色非色的詭笑，流鶯笑回他一個白眼。

回家路上，楊正雄勃露滿臉的青筋，顛看著自己一身的髒衣服和破鞋，心中一直反覆的說服自己：我有報復的權利。

七月十六日。

一早，我還沒進電梯就被管理員叫住了。

「陳律師，昨晚九點多，有位先生叫我將這包裹轉交給你。」

這牛皮紙袋有點眼熟。

我用美工刀割開用透明膠帶層層纏綑的牛皮紙袋，赫見一張已簽好名字的委任狀，一封長信，和另一封蓋有台北監獄戳印的短箋：

「楊老師，對不起，我是你案件裡作證的那個女學生XXX的母親，我女兒前幾天告訴我，她們因一時愛玩而打賭，她同學因求吻遭拒而設計說謊誣陷你，對不起，請原諒我女兒。」

我試著冷靜下來拆看另一封長信，是楊正雄留給我的信，林林總總的寫了十幾張信紙，信中大意就是前述之案發經過和內容，最後一句是「……我約她明晚十點見面」。

明晚？明晚不就是昨晚！

我急著打電話到一一〇，查問是否有人自首或重大案件通報。結果並沒有，我鬆了一口氣。或許只是一時氣憤的情緒，也或許只是一個惡作劇，但我心裡仍感些許的不安。

已過中午十二點了，我心中仍是忐忑，食不下嚥。

打開電視，赫見午間最新的頭條新聞：「……台北市萬華分局剛剛接獲報案，在該分局轄區昆明街的某賓館內，發現兩具被利刃封喉的雙屍命案，死者是一對男女。根據賓館人員描述，該房間並無其他外人進入。現場並無任何打鬥痕跡。因此，警方初步研判，疑似是男子先以利刃割喉殺害女子後再自殺。現場除了留下一張字條及該男子的身分證外，並無任何其他資料。目前警方正聯絡檢方到場勘驗中。經警方初步查證結果，證實男性死者為四十歲的前桃園縣XX國中美術老師楊正雄，女性死者身分待查。到底命案原因是情殺或是其他原因，警方仍在深入調查中，有進一步消息，記者將隨時為您連線報導……」

第二天一早，我到萬華分局，把楊正雄的包裹交給警方，警方提示現場所採證到的那張字條給我過目。

「法院，只不過是一群高傲迂儒的集合場，我選擇向自己的良心自首。」

幾天後，我把兩封長短信和字條影本寄給當年性侵案的承審法官。

至今，我仍疑問著，到底？誰？才是殺死這對師生的真正元凶？

7 最後繼承人

小時候，每逢家裡有人慶生或過年，歐陽娜和歐陽弘兩姐弟總是要為全家人來一段表演。兩人表演前總是先盛裝打扮一番，吊帶短裙短褲外加紅色蝴蝶結，宛如白雪小公主和白馬小王子般，可愛極了，只是，一般比較少見到腫胖成這樣的小王子。

歐陽娜都是表演最拿手的小提琴，琴藝和表情都相當的精湛，老師們都稱讚她很有天分。歐陽弘沒琴藝，拉琴像殺豬，每次都只能表演唱歌，笑果不差，因為只要他一開口，全家都笑翻了，笑得東歪西倒，因為真的很少人能把一首歌唱得這樣淋漓盡致的五音不全。

歐陽娜、歐陽弘、歐陽翔、歐陽玲、歐陽娟五兄妹依序各差兩歲，小時候和父親歐陽松柏同住在新北市中和區中山路二段的巷弄內，住家是巷內連棟的三間一樓所打通，相當寬敞舒適，外面有個長條形的小庭院，是他們五兄妹小時候的遊藝場，滿載著他們兒時的回憶。

歐陽家開了一間雜糧行，專營玉米、小米、大豆等大宗五穀雜糧的進口和批發。短短十幾年間，歐陽夫婦前後在中和住家附近購買了八間房子，另在桃園機場附近也買了兩間用來囤堆雜糧的大倉庫，家境相當優渥。

歐陽夫妻個性迥異。歐陽太太是不折不扣的生意老手，擅於交際，掌控客戶習性及國際市場價格的波動，是商場上典型的女強人，這個家，裡裡外外的一切，可說是由她一手創造出來。歐陽先生個性剛烈，性情急躁，但因妻賢而得閒，年輕時性喜杯中物，常藉應酬之名出入聲色場所，疏於家庭的照顧，在子女眼中，他對這個家的貢獻非大。

由於個性上的差異，歐陽夫妻最終還是漸行漸遠，彼此間少有交集，他們的生活就像兩條永不交叉的平行線，但是為了孩子，為了維持一個表面上和諧的家，他們分居，各過各的生活，但始終沒離婚。

一九六三年生的歐陽娜是大姐，皮膚白皙，長髮披肩，口齒條理清晰，聰穎黠慧，功課頂尖，笑起來甜得像水蜜桃，從小就是父母親的掌上明珠。

歐陽娜不論長相和個性，都遺傳了母親，也是個不折不扣的女強人。

如果硬要挑剔的話，只要細察，歐陽娜的眼神，既堅毅又防備，始終潛藏著很深的憂愁和幽怨，散發著一股惶懼不安的靈魂。

歐陽娜是兄弟姐妹五人中最聰敏功課也最好的。由於家境優渥，民國七十五年大學一畢業，就赴美留學，未來美好的光明前途可期。然而，就在歐陽娜赴美留學的第一年，父親中風了，雖然經過長期的復健，但仍不良於行，長期淪為輪椅族。而屋漏偏逢連夜雨，第三年，又突然傳來母親意外去世的噩耗，死因是：一氧化碳中毒。

回國後，歐陽娜聽了很多關於母親死因的說法，都是一些街坊鄰里間繪聲繪影的傳說。但歐陽娜心想，姑不論真假，逝者已矣，老父親不良於行，且弟妹都還小，脆弱的家已不容許任何再一次的撕裂。

變故讓人早熟，流言往往留下陰影。

歐陽娜懷載著滿心的傷痛和疑惑回到美國，繼續她未完的留學夢。

從小，母親就是歐陽娜心目中的偶像，各方面都是歐陽娜學習的榜樣。如今母親突然驟逝，她的心，就像是決堤的河，讓隻身孤影的異鄉生活，更添傷與愁。

漸漸地，在不知不覺中，歐陽娜在個性上產生了劇烈的丕變，變得沒有信賴感和安全感，也從此，她人生命運的天秤開始有了傾軋。

畢業那年夏天，歐陽娜曾有一場短短的淺戀，對象是同班的華裔韓國人。一開始，他們情投意合，終日如膠似漆的私膩在一起。然漸漸地，她無法容忍他狂妄自大的沙文主義，他讓她想起了昔日父親的模樣，而他也無法接受她陰晴古怪一日多變的情緒和脾氣。

畢業後，他們一個回韓國，一個續留美國。他們心裡都清楚，他們只是彼此人生中的過客，也只是短暫相互取暖的柴與火，燃燒盡了，終將繼續各自擁抱人生的冷暖和未來。

那是她生命中唯一的一段戀情，就這樣悄無聲息的，碎落在加州八月的陽光裡。

二○○五年春，歐陽娜接到大弟歐陽弘來電告知，不知是何原因，這幾年雜糧行虧損累累，家業恐有倒閉破產之虞，請姐姐歐陽娜能盡速返台襄助。

歐陽弘人如其聲，是個豪爽性急的壯漢，聲如洪鐘，性如急猴，但在業務能力及人性的拿捏上，有著他過人獨擅之處。自母親過世後，年紀輕輕，就獨力撐持起這一片家業，是個超級業務人才。

歐陽弘始終納悶，業務和以往相差無幾，甚而有增無減，但公司財務狀況卻屢陷困境，頻頻要拿老父親名下的房屋向銀行抵押紓困，長此而往，雜糧行勢必倒閉，自己難保不會惹來敗犬敗家的惡名。

雖然年紀上相差無幾，但相較於大哥大姐，歐陽翔、歐陽玲、歐陽娟三人就顯得無比稚嫩，是典型不堪風雨的溫室花朵，三人負責公司貨物運送、人力調度及財務管理。三個和尚挑水沒水喝，適足以形容歐陽家這三個寶貝。

歐陽娜回國後，開始清查財務。

經查結果，她發現了兩個嚴重的大問題。首先，歐陽翔、歐陽玲、歐陽娟三人經常挪用公款，金額從數萬到數十萬不等，時間長達十年之久，總金額竟高達兩千萬元之譜。再者，穀物進口數量與出售數字有嚴重落差，去向不明，其中又以禽鳥類雜糧為最。

進口的穀糧究竟短少到哪去了？

歐陽娜發現，妹妹歐陽玲的夫婿汪少淩，幾年前開始自營禽鳥雜糧行，進貨少卻糧滿倉，問題所在，不言可喻。

然而，看不見和數不清的，才最是惱人。

雜糧行的支票，有數十張下落不明，持票人不明，開出的金額多寡也不明。

此時此刻，歐陽家的家業面臨全面崩落的浩劫，歐陽玲三人卻堅不吐實。

想起自己十多年來，為了雜糧行的生意，沒日夜的東奔西走，彷如牛馬般的生活，結局竟是會落到這般田地，但念於手足之情，歐陽弘心中除了傷痛，一切又該如何？

是個微雨風寒的冬晚，熱騰騰的火鍋卻融暖不了歐陽家一屋的冰冷。

餐桌上燭光掩映，五個孩子一個病父，沒人開口，時空似將凝結般，只剩每個人急促的心跳和呼吸聲。

「該走的明天就走吧，別再踏進這個家門，一切既往不究。」

老父親開口後，緩緩起身，眼角噙著厚重隱忍的淚花，拄杖殘跛的逕自走向他的房間。

目送著老父親蹣跚的步履和那佝僂的背影，歐陽弘的眼，糊了。

這是一家六口最後的晚餐。

往後五年間，是二十年來這個家最祥和的一段歲月，只是，老父親依然寡言少語，甚少出門。

歐陽娜斷了美國夢，深覺自己在雜糧行是大材小用，生活像是落入一種困獸般的處境，然在多事之秋，又豈能棄而不顧。

歐陽弘天生樂觀，生活上只要沒事就是好事，一根菸一杯酒就能滿足，是個簡單又開朗的父親，但也是個沒情調的老公。

二〇一一年底，再一次的小中風後，七十八歲的歐陽松柏心裡暗想，不知自己的未來還能有多遠？也該是分家析業的時候了。

但，該如何分配呢？老人家著實相當的苦惱。

有一天，他找來歐陽娜和歐陽弘姐弟，告知想分配家產一事。

除了依沿台灣民間舊俗，先分一間房給長孫外，老人家改天也想聽聽他們兩個人的意見。

面對中風初癒的老父親，歐陽弘直說改天再談吧！

歐陽娜站立一旁，若有所思，噘嘴不發一語，眉宇深鎖。

整晚，歐陽娜夜不成眠。

她想著，都甚麼時代了，還搬出民間舊俗做藉口，老父親真是迂腐，完全否定了這些年來她為這個家的犧牲和努力，預贈長孫一房對她就是不公，就是偏袒。早年，這些家產都是母親一手掙來的，父親當年只是一個生活在母親護翼下的貪杯之徒，沒責任又沒出息，她認為父親完全沒資格分配母親遺下的這一切，父親只是一個重男輕女的沙豬。

這些年，她拋棄美國高職高薪，忙出了一身病，一切只為這個家，如今竟落得父親如此的對待，她心有未甘，也絕不屈從。

她又想起當年街坊鄰居口耳相傳的流言蜚語。心裡再次的懷疑著，母親的死因絕對不單純，絕非單純的意外中毒。母親向來是個精明幹練又細心的人，說不定鄰里間的街談巷議有幾分是真的，也或許全部都是真的。她也想著，為何當年發生意外的不是父親？她輕泣，開始懷念起母親，同時也開始憎惡父親，甚至是弟弟歐陽弘，還有弟媳和他們的孩子們。

歐陽娜掩被嚎啕大哭，哭得好像全世界的人都對不起她。

人，總是在不知不覺中，讓心裡隱藏的那份悲情過度的氾漫，合理自己偏執的推論，而後畫地自限，自我孤立。

某天午後，歐陽松柏在睡夢中被菲傭叫醒。

「阿伯，我是中和派出所的管區警察，法院事務官來扣押查封你名下的所有房子，請你出來簽個名。」

老人家一臉惺忪，一聽到法院和查封四個字，頓時清醒，在還來不及搞清楚狀況之前，事務官已貼好封條做完查封筆錄。

「歐陽先生，請在查封筆錄上簽個名，這案件是債權人歐陽娜聲請法院查封的，如果你有任何問題，就去請教律師，有甚麼意見，也請你到法院再向法官說，我們今天來只是單純的辦理查封程序而已，封條都貼在門後，不會影響甚麼，沒法院通知，不得擅自撕毀，麻煩你在這裡簽個名。」

歐陽松柏雙手顫抖著簽完名，只一會兒的工夫，法院公務車很快的就消失在巷口。

阿伯瞬間震怒，拐杖重捶在茶几玻璃上，玻璃頓時裂出了網狀，三字經響徹整個房屋，整個巷弄。

「幹ＸＸ！妳為什麼到法院告我，為什麼查封我的房子？幹ＸＸ！」

當晚，歐陽娜一進門，歐陽松柏沒好氣的開罵，又一個碗碎散在牆邊。

「請你文明一點，不要老是把三字經掛在嘴上，你應該搞清楚，房子是我的而不是你的，其他我們法庭上再說，這是我律師的電話，有問題的話就請找我的律師談，我不想花時間在這裡跟你吵架。」

一說完，歐陽娜昂著頭，神情像個得意的勝利女神，逕自走進她的房間，房門重甩，一屋微震。

歐陽弘帶著老父親來委任我，歐陽松柏仍帶著盛怒，向我解說原委，過程中嘴裡仍不時的掛著慣有的三字經，在旁的歐陽弘再三的向我抱歉。

我極力的安撫著老人家。

「當年，歐陽娜回國和我一起清查公司帳務時，發現我父親名下雜糧行的支票，有數十張下落不明，持票人不明，開出的金額和日期也不明，對外債務不知凡幾。我們很擔心，為了保住這個家業和父親名下財產，在歐陽娜的精心設計下，我們和歐陽娜三人就虛偽的簽訂了一份雜糧行的讓渡契約書。」

歐陽弘代替怒氣未消的老父親向我解說著。

歐陽松柏將雜糧行虛偽讓渡給歐陽娜及歐陽弘後，雜糧行的債權債務由其二姐弟承受，契約條款並載明，歐陽松柏各積欠歐陽娜及歐陽弘兩人新台幣三千二百萬及四千一百萬元，並簽發同額之本票交兩人收執擔保，以防他日債權人催討時，姐弟兩人得以債權人身分參與分配。

除此之外，歐陽松柏更將其名下的八間房屋，各信託登記四間到他們兩人名下，其中我們現住一樓打通的三間，就是信託在歐陽娜名下。

接下來，是一連串惡夢的開始。

老先生仍執意要先將未信託的一間房子贈與給長孫，請來陳顯穎代書才發現，櫃子裡的房地產權狀竟是彩色影本。正本早已遭大女兒歐陽娜竊取，再騙老人家說是銀行通知辦理信用狀須印鑑證明，擅自備齊所有證件資料後，向中和地政事務所辦理移轉登記給自己。

不久，老先生就接到了歐陽娜向新北法院聲請裁准的三千兩百萬元本票強制執行裁定書。

兩個月後，老先生又接到板橋地院家事法庭家暴案的開庭通知，聲請狀載明歐陽娜受到身心家暴的內容包括：

歐陽松柏——時常以三字經謾罵聲請人。

歐陽弘——在屋內抽菸，讓聲請人抽二手菸，意圖謀殺聲請人。

歐陽弘妻——見面時總是擺臭臉，讓聲請人心理上備感壓力。

歐陽弘的兩個兒子——見面時不叫姑姑，還經常在一旁竊竊私語，和其他家人一起訕笑排擠聲請人。

歐陽娜委律師向法院聲請家暴保護令，請求法院禁止父親等相對人對她身體或心理上為任何暴力之行為，又請求禁止相對人直接或間接對她為騷擾、通話、通信或其他非必要之聯絡行為，並進而再請求法院裁命歐陽松柏等相對人遷出現住居所。

緊接著，歐陽弘又陸陸續續接到姐姐歐陽娜告歐陽弘夫妻，包括侵占、竊盜、偽造文書及妨害祕密等罪名。

每次看到歐陽娜回家，歐陽弘心裡總是想著：今天她是否又去法院提告了甚麼案子？

一個月後，我請助理將這對父女間的訴訟案依案號逐案編號列冊，總共多達十五個訴訟案件，真是令人咋舌。

老實說，如非受任親歷，誠難想像，每天同居共住同一屋簷下的一家人，會交纏著如此龐大難解的哀怨情仇。更令我訝異不解的是，歐陽娜每個案件都委任了兩個律師。我也暗疑，難道這就是案件一再蔓延盤根錯節的原因嗎？

如果親情間的一個臭臉都需要靠訴訟來消弭，我想，每對夫妻每年至少都可互告上百回。道德和法律，分際究竟何在？

開庭了，每一庭的法官都覺得不可思議，也都力促兩造律師幫忙勸諭雙方能和解。期間，我給了對造律師無數次的電話，並擬出多個具體和解方案，但每次都遭歐陽娜鄭重否決，讓人十分費解，但也無可奈何。

有一天，歐陽弘約了一位遠住台南的世伯，請老人家到家裡居間幫忙協調，當場還有歐陽松柏父女及兩造律師在場。

我代表歐陽先生向大家提出和解方案。

「今天謝謝大家，這是大家第一次坐下來一起好好談，我想，和解的最大原則就是先不必追究是非對錯，在不圓滿但能接受的情況下，雙方應有適當相互讓步的心理準備，我謹代表歐陽老先生提出和解方案，如果任何人有任何意見，請在我說完後提出，也請張大律師及世伯多多幫忙。」

「首先，包括信託的房子在內，歐陽老先生共有十間房子，依老先生之意，就由歐陽娜和歐陽弘姐弟各分得信託在他們自己名下的四間房屋，另兩間，就依老先生之意，一間分給長孫，另一間由歐陽老先生自留，以備養老之用，這是關於不動產房屋的分配部分。」

「再來，關於公司部分，現在有進口及批發雜糧的兩間公司，就分別由歐陽娜和歐陽弘各分得一間，各自經營管理。帳戶中之存款及應收帳款，在扣除債務後亦由歐陽娜和歐陽弘兩人平分。」

「以上內容，是我經過歐陽老先生同意後的和解條件，我個人也認為這是相當不錯而合理的和解方案，不知歐陽小姐和張大律師有何意見？」

「我不同意，律師，你偏心。」

我甫一說完，歐陽娜立刻提高音量接腔，橫眉斜眼的看著我，像是在敵視仇人一般。

「為何說是偏心？那歐陽小姐，請說說看，妳的意見又是如何？」

「我爸爸先贈送一棟房子給歐陽弘的兒子，又留一棟給自己，表面上看來像是合情合理，實際上這就等於歐陽弘白白的多分了兩間，這不叫偏心，那甚麼才叫偏心？」

「那妳覺得應該怎樣分才公平呢？」

「每人分五間房，一次就平分完。如果歐陽弘分到大間的，還要依市價補償我現金。帳戶裡的錢應先分給我四百萬，我外面有些債務，我為了這個家，放棄了在美國的工作和高薪，這是我犧牲應得的一些補償。」

歐陽娜說得理直氣壯。

「兩位律師，就請你們多費心幫忙了，我高鐵的來回票時間快到了，我趕時間，就先離開了，你們慢慢談。」

台南的世伯一聽歐陽娜說完，起身離席。

步出大門後，我瞥見他搖頭嘆息的背影。

「我想我必須讓妳和妳弟弟了解，今天我的立場是妳爸爸的律師，除了協調分產外，我必須替我當事人著想，今天在這裡一次把家產全部分光了，改天妳爸爸如果被棄養了，成了街頭流浪漢，這將是我律師一輩子的罪過，所以不論怎麼分，留一間給你們老父親這一點，我絕對堅持。」

一旁輪椅上的阿伯以手掩面，輕泣了起來，菲傭輕拍他的背安慰。

歐陽娜橫眼斜視著傷心的老父親，一副氣勢凌人、胸有成竹的模樣。

「既然這樣，那我們就交給法院吧！」

張大律師從頭到尾沒出聲，起身離去，一副莫可奈何的表情。

歐陽娜隨後也趾高氣昂的逕自往她房間的方向走去。

「幹！妳這個不孝女。」

當歐陽娜經過身前時，歐陽松柏突然抬頭，冷不防地用力噴罵了一句，我看見他的手不自主的顫抖著。

歐陽娜立刻定下腳步，緩緩的轉向她父親，眼神宛如滅絕師太，用右食指直指著老父親：「你又罵甚麼三字經，這是我的房子，我已經告上法院了，遲早你都要搬出去，你們通通都給我滾出去。」指著老父親的手指掃向在場所有人。

「歐陽娜，妳不要太過分，妳這是甚麼態度？妳講那甚麼話！」

歐陽弘出聲制止，聲音大到整條巷子都聽得到。

歐陽娜橫著臉，白了歐陽弘一眼，疾步走進房間，關門聲大得幾乎轟垮整棟房子。

不論你有沒有請律師，訴訟，絕對是免費的催老劑。

一年半過去了，歐陽老先生原本清瘦的形骸更加蒼老消瘦。歐陽娜也一樣，再怎麼濃妝豔抹，也掩飾不了她那份傲慢下的蒼白與憔悴。

這個世界很奇怪，老母雞總以為翹起屁股後就會變成開屏的孔雀。

法院判決下來了。

確認本票債務關係不存在和終止信託兩案的訴訟，歐陽松柏都贏了。

歐陽娜不服，兩案都上訴二審，二審的裁判費是一審的一倍半，我估算過，扣除兩造假扣押和假處分所繳交的擔保金約一千萬元不計，光裁判費和律師費，他們兩造合計至少已花掉四百五十萬元。

這是好訟的代價，最後肥了誰？

這個世界很奇怪，每每都是好訟的當事人自己把律師養成肥豬，然後再罵人家律師一身銅臭。

肥的不一定是豬，豬也不一定肥，到底誰是豬？

有一天，歐陽娜突然離奇的死了。

星期一一早，歐陽弘來電告訴我，歐陽娜猝死了，陳屍地點就在她自己的房間內，刑事局驗屍官正在他家勘驗。

這突來的訊息讓我相當震驚。

星期六晚上，歐陽弘的兒子發現，姑姑歐陽娜星期五晚上回家後，已足足一整天未踏出房門。難道姑姑是化成了可以不吃不喝的仙姑？在以前，都習慣的由他呼叫姑姑出來一起吃飯，自從被告家暴後，這個曾經要收他為子的姑姑，一夕間變成了陌生人，彼此只能像空氣般的，在同一屋簷下存在著。

第二天，他告訴了父親，歐陽弘心覺怪異，但他也認為歐陽娜的生活習性像蝙蝠，總習慣晝伏夜出，也許她根本不在房內，尤其是在這節骨眼上，自己不便多心和叨擾。

隔天一早，歐陽弘連敲幾次門，卻遲不見回應，才悄悄從後陽台窗戶一窺究竟。

開窗的一瞬，歐陽弘赫然驚見，歐陽娜全身僵硬，身著一襲桃紅色的睡袍，一臉死白的仰躺著，研判應早已氣絕身亡多時，左手腕插著針頭，陪伴一旁的，是那台冰冷的洗腎機。

這些年來，十幾個官司糾纏的這一家人，警察和法院人員來訪是家常便飯，早已引來附近鄰里許多的街談巷議，如今大姐歐陽娜猝死，縱使死因明確無疑，仍不免成為他們茶餘飯後閒談的八卦。

親手埋葬自己曾經最心愛也最心痛的人，是甚麼樣的感覺？歐陽老先生無淚、深邃而哀傷的表情，說明了一切。

其實，歐陽娜是個能力不凡的單身貴族，在美國西雅圖擁有一間房，月薪十萬元，為何堅不肯接受分四間房和數百萬的和解條件？縱使歐陽老先生最終把另兩間房子都給了她弟弟歐陽弘，亦無損於她的生活和人生。

每個人都猜不透。

訴訟過程中，我始終都認為歐陽娜是個相當不可思議的奇女子，思想和行徑都離奇得令人費解。上法院告盡了自己一家老小，竟能若無其事的天天同居共住在同一屋簷下。每次開庭時我都看得出來，她的心中充滿了仇與恨，然，仇為何來？恨又何來？是越不過自己偏見所築起的那道心障吧！自古以來，人生的起落更迭，永遠就像是流轉於生死間的邊境。妥協和退讓，有時候可以讓人得到更多。

歐陽娜走了，我開始清理他們父女間所有的案件。

所有的民事訴訟案件，歐陽松柏必須依法先承受歐陽娜的訴訟後，再撤回對自己的訴訟，也就是先自己承受原告（上訴人）訴訟當事人的地位，形成自己告自己，再自己撤回對自己的訴訟，因為此時在法律上，一人已同時變兩造，兩造已是同一人。

這案子是我執業二十幾年來首見，和法官在法庭上討論了很久，確認法理上是這樣處理，但在邏輯上和情感上都很奇怪，如果你還是搞不懂，那就拿張紙出來畫一畫，順便在心理上說服自己。如果你自覺是溫順無爭且無訟的人，不懂也無妨。

歐陽娜走了，包括民事訴訟案件、保險金、法院的擔保金、銀行存款和房屋……，反正所有屬於歐陽娜生前所爭所有的一切，就算是一張衛生紙或一塊錢，全都歸她父親歐陽松柏一人所有，因為她所告的人和所處心積慮爭取的一切，最後依法都歸她自己身後唯一且是最終的繼承人。

而她，終歸塵土。

我相信，經過了這一切人世間最不堪的磨難，歐陽老先生依然還是會活下去，只是心中有某部分，將隨著她女兒永遠的死去。

這案件，又該如何闡解？

8 誰應得

當我第一眼看見老先生，就隱約地嗅覺到，他是個有故事的人。

依目測，老先生應該已有八十幾歲了。眉宇間雖難掩憂色，翻弄文件資料的動作也有點緩慢，但他行止有條不紊、疾徐有節，態度更是從容、堅毅而優雅，丰姿偉儀，全身上下都散發著濃濃的日本紳士味。

兩位陪同前來的女兒，始終不發一語，正襟端坐在老先生兩旁。從她們的儀態韻致裡，讀得出他們是個充滿內涵和教養的家庭。

老先生從胸前西裝口袋中，掏出兩張北院和北檢的民刑事開庭通知和傳票，輕推到我面前，微嘆了一口氣，緩緩講述起一則親情間，枝枝蔓蔓糾葛多年的家族史。

律師，我已經是個離墳墓不遠的人，一代恩怨一代解，所以我想我必須在我有生之年，妥善處理好這件事。

我們李家在六〇年代算是屏東九如的望族，從我父執輩們開始，從事家庭廚衛設備的生產。七〇年代起，由我們第二代接班，我們家族所創立的衛浴專利和品牌，已經走進了每個台灣人的家庭中，也曾同時享譽國際，當年，可堪稱是業界的翹楚。

我們第二代共有四男兩女，兄弟姐妹共六人，二哥和大姐早已離世。我，名叫李嘉南，排行老五，今年八十六歲了，下面還有一個弟弟，叫李茂南。

胞弟幼時因為一場無名的高燒而變成弱智，雖也曾經讀過幾年書，但只簡單的基本日常生活尚能勉可自理而已，其餘均需仰賴父母照料。

俗話說，樹大必分枝，枝開則葉散。

家父家母相繼去世後，胞弟暫交由住高雄的大哥一家幫忙照料。

當時，我住台北，曾經多次南下探視，發現他變得比以前更安靜更怕生了，簡單地說，他雖然跟大哥全家人生活在一起，但並沒有一家人的感覺。

猶記得，在我最後一次南下探望他，當他送我到門口時，突然雙手緊拉著我的衣角不肯放，神情緊張兮兮地內外張望著，嚅嚅雙唇欲言又止，最終還是沒能吐出半個字。

直到聽到大嫂走來的腳步聲，他立刻停止了張望，眼眶泛潮的低下頭，像個做錯事的孩子，全身微顫，緊咬著下唇，彷彿想要努力的鎖住淚水。我將額頭抵靠在他的頭頂，伸手緊握他不肯放的雙手，他搖著頭，將手縮了回去，低頭溜進他的房間，淚水滴落在我的手心。

當下，我不便多言，但我知道他想說什麼。

直到現在，那滴淚，一直燙傷著我。

從轉身下樓到回到台北火車站，我，一路上噙著淚。

他是我兄弟，他不笨。

因為有點弱智，導致他有點怯生，不習於人群和應對，安靜得有點自閉。而乾癬症，更是他心中永遠抹不去的另一個自卑。全身皮膚掛滿了一碰即落的乾癬皮屑，像是魚市場裡遍地曬乾後蜷縮的小鱗片，須經常就醫，每天必須更換床單。大嫂和孩子們都認為乾癬症是會傳染的皮膚病，將他視為瘟神，拒絕共用浴室，拒絕同桌共餐，到處向人張揚，竭盡所能地排斥。

他偶爾會寫信給我，訴說他生活點滴。儘管字裡行間經常前言不接後語，但我懂，我完全讀得到那散逸在短箋之外他想表達卻總是遺落的心情。

好幾次，在探望回來後，我便會夢見到他蜷縮在昏暗的牆角哭泣，或是在冷清的街燈下低頭踽踽獨行的背影。

第二年，我決定將他接來台北同住，那已是民國八十年的往事了。

民國九十一年底，他洗澡時意外跌倒，送醫搶救幾天後仍宣告不治。

早年我父母在分配財產時，除了少許分給已出嫁的兩位姐姐之外，其餘均分給我們兄弟四人。胞弟沒有婚配子女，身後名下留有數百萬存款，以及價值不菲的公司股份和土地十餘筆。他亡故後沒幾年，我大哥和二姐也相繼過世。

其中有一件事，我必須向律師特別說明。胞弟名下的十餘筆土地中，有兩筆是座落在台北市北投區洲美路的農地，現在正由市府辦理區段徵收開發中，據仲介粗估，徵收開發完成後，該二筆土地可重分配到的土地市值各約值兩億多元。

北投洲美路的兩筆土地是在民國七十六年間所購買。因我當時任職公司董事長，當年農地買賣必須具備自耕農身分，於是我和公司就借用胞弟名義購買該二筆土地。而我花四千萬購買那塊土地的目的，是因我有兩個女婿是醫生，我兒子當時也正就讀醫學院，我希望有朝一日，能為他們蓋家醫院，供他們一起使用，這是當時我們家族大小眾所周知的事實。

詎料，胞弟過世後，家族先後兩度召開繼承會議，兄姐因為年邁多病而不克出席，所有繼承事宜均委由子女們全權處理。

開會時，子姪和外甥們一致認為，叔舅的遺產應該遠大於我所提列的遺產清冊明細，並揚言如果我不給他們一個滿意的答案，將所有遺產如實列冊和分割，他們就堅拒將這兩筆土地移轉給我和公司。

後來，可能為防我錄音，渠等竟即直接口徑一致，聲稱該兩筆土地是我胞弟自己所購買，本就屬於遺產，應依法繼承均分。甚至，在二次協調不成時，直接在會議上對我拍桌喧囂和質疑，反話譏諷我心計無雙、智計過人，用髒冷的語言替我洗臉。

這場景和當年我弟弟的那滴眼淚，都灼傷了我的人生。

我當場曾想對他們說，你們知道叔舅現身葬何處的人，就分得一份。

但心念一轉，話未到舌尖，我就連同那未出唇的嘆息一起嚥了下去。

從那次不歡而散後，我們即未曾再協商過。

這案子已延宕近十年了，至今仍懸而未決。

日前，我突然收到法院的民刑事通知和傳票，子姪和外甥們竟然對我提起分割遺產和侵占的訴訟。正如我前面所說，我是個離墳墓不遠的老人了，竟然讓這些連叔舅身葬何處都不清楚的甥姪們如此對待！這幾天以來，我的心真的很痛，寢食難安。

律師，你說我該如何？

不出我所料，李老先生確實是個敘事高手，娓娓地將一個冰冷刺虐的家門故事，詮釋得如此感性和理性。我依例向他提問幾個問題後，從法律的角度給他一些意見和判斷。

照顧兄弟是親情。告別式沒現身或是連亡者身葬何處都不知道，還是可以繼承分享遺產，這是法律。繼承人，不會因為沒參加告別式或送葬而喪失繼承權。親疏是人情，繼承是法律。法律有它冰冷無能的一面，但該感嘆的不是法律，而是人性。

事實上，甥姪對於叔舅姑姨的遺產依法並無繼承權，亦無權代位其父母，對叔舅姑姨主張繼承的權利。也就是，如果有兄弟姐妹先於其他兄弟姐妹死亡者，其子女對於後死亡的叔舅姑姨之遺產並無繼承權。

本案，因你二哥和大姐先於你胞弟死亡，所以，渠二人之子女對於叔舅即你弟弟李茂南並無遺產繼承權。

繼承，是從被繼承人死亡的那一刻開始生效，被繼承人之財產是從死亡那一刻起即屬於所有繼承人共同共有，所以，你大哥、二姐的子女可以依法主張分割遺產，他們權利係來自於本身對其父母的繼承而來，而非是甥姪的身分。所以，縱使他們彼此未曾謀面，未參加叔舅的告別式，或是不知叔舅葬身何處，依法仍得主張繼承分配遺產。

這是法律和實際情感上的落差，但法律終歸還是法律。

反過來說，假設本案你先於你胞弟亡故，不論先走的時間是一年、一天或一秒，也不論你們全家人照顧他多少年，歷經多少辛苦不堪的歲月，你的家人最終還是沒有任何繼承的權利。

某些時候，法律就是如此荒謬與殘酷。

李老先生聽完後，默默點頭，表示理解。

緊接著，我開始針對民事和刑事部分，提出建議和做法：

我告訴李老先生，他必須就洲美路的土地另行提起民事訴訟（按：亦可在分割遺產案中提起反訴），主張並確認這塊土地是因當年無自耕農身分而借名登記在胞弟名下，借名登記因胞弟死亡而當然終止。接著，進而請求法院判決其他繼承人應將徵收分配的抵價地或抵償金讓與給李老先生，由他領取和分配。等勝訴之後，再向分割遺產審理法院申請將該筆土地自分割遺產中排除。

其實，這案件看似有點複雜，但法律論述上並不算太難，真正難度在於舉證。法律俗諺如是說：「舉證之所在，往往就是敗訴之所在。」

二十幾年前借名登記和金流的舉證，難度絕非等閒。

至於刑事侵占部分則較為單純。因為最終不論檢察官在法律上的評價論斷是否成立侵占，依刑法規定，在直系血親、配偶、同財共居親屬間、五親等內血親或三親等內姻親間，不論竊盜、詐欺、背信或侵占罪，均屬告訴乃論。又依「刑事訴訟法」規定，告訴乃論之罪，自得告訴之人知悉犯人之時起，須於六個月期間內提出告訴，逾期者，檢察官即應為不起訴處分。

當然，站在李老先生的立場，我們對於本案一定先主張毫無犯罪之行為和事實，再備位主張縱使有侵占之事實，也早已逾告訴期間。因這類案件，事關一個人的是非對錯與人格清白，無侵占事實和已逾告訴期間，兩者之間，自有其層次上的區別。

刑事侵占部分，檢察官很快的就為被告不起訴處分結案。

民事部分，我與同學王志哲律師共同受李老先生委任訴訟，經歷五年冗長的司法纏訟後，才全部定讞落幕，無負所託。

只不過，轉眼間，李老先生已是九十二歲遲暮之齡了。歷經漫漫五年法庭裡血淋淋的親情磨難，表面上，他的生活似已從此獲得了平靜，但我相信，他心中的某部分，甚至生命中的某部分，卻已漸漸萎縮和凋零。

9 小白與小黃

這是我執業二十幾年來辦過金額最小的一件訟案，是個簡單又複雜的故事，因為法院裡所有的案件，不論多麼的微小和簡單，都因人性而複雜。

老人家氣急敗壞的走進事務所。

「律師，你幫我看看，這有天理嗎？小丫頭比我小孫女都還小，竟然到法院告我，還一告就告了兩條罪，實在是要把我活活給氣死。」

「阿伯，你不要生氣，先喝杯水，坐下來慢慢說，生氣會讓人把話說得不清不楚，請息怒。」

我刻意放慢速度回話，希望緩和阿伯的情緒。

「這叫我怎息怒？律師，你看我長得像壞人嗎？我長得像不負責任的人嗎？我一輩子不偷不搶也從不欠人，也一輩子都沒走過法院，竟然一個二十幾歲的小丫頭告我這七十幾歲的老人家。昨天接到法院通知，我越想越氣，氣到我整天都吃不下也睡不著。律師，你幫我評評理，這教我如何能不生氣。」

阿伯越說越激動，只差沒有拍桌洩怒。

「阿伯，我們台灣人有句俗話說，常生氣會讓人快死不老，你當然長得不像壞人，你是一個質樸老實的鄉下人，但你要我幫你評評理，你就得先慢慢把話講清楚，你氣沒消之前，我們就先暫停談話。」

我帶笑的裝腔作勢。

「好好好，律師你看，就是這裡啦！這個是法院的傳單，律師你看。」

「好，沒問題，我看完再跟你好好詳談，你先喝口水休息一下。」

我先讓阿伯到辦公室外面走走，緩和情緒，他卻在外面拉著助理，再次的叨念不停，盛怒未消。

桃園縣平鎮市，其實只是介於中壢和龍崗之間的一個小鄉鎮，以市為名，乃因為它的名字當中已有個「鎮」字，為免疊字拗口，故逕以市稱之。

平鎮市街上，路小而凌亂，市郊大都還是以務農為主的小村落，但因臨近中壢市，因而大型的庭園KTV和汽車旅館林立。

陳茂盛住在平鎮往龍崗的小農村，是個老實的莊稼漢，皮膚黝黑健壯，短小精幹，雖已年過七十了，聽說在工地時，每次都還能扛一包五十公斤重的水泥爬上五樓而面不改色，附近的人都稱他「茂伯」，因為兒媳們都住台北，一個偌大的三合院，只住著他和老伴，還有他們豢養的一條狗。

徐美珍長得嬌小甜美，元智大學畢業後，原本回花蓮老家承接母親的觀光藝品店，因警察男友調職桃園平鎮，她就搬來同居共住，就近在一家幼兒園任教，小倆口預計年底攜手紅毯，共結連理。

一個和煦的午後，晚霞橘紅透亮。

和台灣許多鄉下的場景一樣，這裡住的大多是老人、小孩和狗。

徐美珍隨娃娃車送小朋友回家，每天都是固定的路線，固定的位置，每戶人家也都是固定由阿公阿嬤出來接孫子。

這天，幼兒園的娃娃車來到村圍幾戶比鄰的三合院，這是最後一站，馬路邊盡是亂草，幾小包垃圾和廚餘散落一旁，這是附近幾隻被棄養的野狗的傑作，牠們經常不定時的在這裡出沒，來回閒漫的碎踱著，翻找殘食充飢，牠們也時而兇惡的群聚在一起，是自保也互保，圈圍成一股駭人的惡勢力。

像遊民一樣，流浪狗的眼神都散發著一股堅定的失落，既乞憐又防衛。

當徐美珍將黃小弟送到阿嬤懷裡準備回車上時，說時遲那時快，其中有一隻流浪狗突然瘋狂撲吠而來，不偏不倚的，咬落在徐美珍的左小腿上，徐美珍為閃躲而踉蹌得跌坐在地，阿嬤和司機見狀，合力作勢嚇走惡犬，護圍著徐老師，但徐老師的傷口早已見血。

司機馬上將徐老師送醫。

茂伯一回到家，聽黃阿嬤的轉述，認為是家中的小黃又闖禍了，顧不得一身的髒汙，立刻從抽屜裡拿出一個已壓皺的紅包袋和兩千元，騎著破舊的老爺車趕往醫院。

一到急診室，徐老師打了針，傷口已縫了四針包紮好，驚魂未定的輕泣在男友懷裡。

「請問，妳就是徐老師嗎？對不起！我聽隔壁的黃阿嬤說，剛剛我們家的臭小黃咬傷了老師，我一下工就馬上趕過來，老師的狀況還好吧？這是一點小意思，請你們先收下，真的很對不起。」

茂伯深深鞠躬，滿臉靦腆和歉意。

「你們是怎麼養狗的？沒時間沒能力看顧好，就不要養嘛。」

警察男友沒好氣的數落著。

「對不起啦！我們平常都有把小黃圈鍊好，今天可能是我太太一時的疏忽，實在對不起，我們一定會負責到底，請你們放心。」

茂伯直點頭的賠不是。

「你們老人家都這樣，都只喜歡養，不顧也不教，養一隻那麼兇猛的大狼犬，卻放任牠亂跑，要是咬到小孩，不活活咬死才怪。」

語氣既責備又鄙視。

茂伯聽完，心頭一怔。

「對不起啦！……」茂伯搔搔頭，話吐到舌尖又吞了回去，將頭偏向一邊，心想，此時此地不宜太多話。

「徐老師，對不起！這是我家的電話，有事我們隨時再聯絡，如果沒事的話，那我就先走了。」

他們沒回話，茂伯走也不是，不走也不是，尷尬而立。

「還不走嗎？徐老師現在不想再跟你說話。」

茂伯悻悻然的轉身離去，心頭梗著氣：我這把年紀都可以當你們阿公了，有必要這樣嗎？狗沒教養就會亂咬人，那麼，如果人比狗還沒教養，下場又將是如何？

第三天晚上，徐美珍的警察男友打電話給茂伯，希望談談和解賠償事宜。

「陳先生，我是徐老師的男友，前幾天我們在醫院急診室見過面，不知你是否還記得？我是代徐老師打這通電話，想和你談談這案件的民事賠償問題，不知你的意思如何？」

「喔，我記得，先生貴姓？」

「我姓林，是平鎮派出所的員警。」

「警員先生，請你先聽我說明一下。是這樣啦，當天我回到家，隔壁的黃阿嬤告訴我，說我們家的狗咬傷了徐老師，我就馬上到醫院看徐老師，當天在醫院你們說是被大狼犬咬傷，但我們家並沒有養大狼犬，顯然不是我們家的狗咬傷徐老師，有可能是我們家附近的流浪狗咬的，我想我必須利用這個機會向你們澄清一下。」

「你的意思就是你不承認是你們家的狗咬的就是了？」

「承認是要以事實為前提，沒有的事實要教我如何承認？我老人家不會騙你們，我們家從沒有養過狼犬，不信的話，你可以到我們家附近，隨便向鄰居打聽一下就知道了。」

茂伯耐心的解釋著。

「那你為何要急著到醫院？為何又要給徐老師慰問紅包？還一直對不起，還自己親口承認說是你們家小黃闖了禍。」

「我回家聽黃阿嬤一說，又發現我們家小黃不在，我就以為真的是我們家的小黃闖了禍，當然就應該立刻到院慰問徐老師，這是人情之常，不是嗎？我紅包是在你們還沒說出是被哪種狗咬傷之前就給了。」

「是嗎？紅包明明是你要離開之前才給的。何況，如果真的是這樣，那時候你為甚麼不當場馬上說清楚？還說你會負責到底，還留你們家的電話給我們？陳先生，你承認在先，然後又再否認？這分明是你事後反悔的推托之詞。」

「你看到當時的場面，徐老師哭成那個樣子，我認為當下我不應該多說。」

年輕人在電話中乾咳了幾聲，顯已不耐。

「老阿伯，你的意思就是我們在無理取鬧就對了？反正不管說甚麼，你他媽的不賠就是了？是不是？到底賠不賠？我只聽你一句話就好，我沒時間再聽你囉嗦。」

徐老師男友完全動怒了。

「年輕人，嘴巴要乾淨點，我當你阿公都綽綽有餘了，怎麼這麼沒規矩，虧你還是個人民保姆。」

「你別想倚老賣老，我們當警察的就是專們來修理你們這種無賴。」

「是誰無賴？警察就可以這麼沒有是非，這麼不講道理嗎？還是你只想替你女朋友出頭，自己就變成了是非不分的無賴？」

「我給你最後一次機會，到底賠還是不賠？不賠大家就等著瞧！」

「你恐嚇嗎？用這樣的口氣跟老人家講話？」

「好了，既然這樣，那我們就沒甚麼好說的，這事我是管定了，出門小心點，不論是法律上或法律外，這個公道我要定了，你就等著瞧！」

林警員掛了電話。

警察變流氓？茂伯嘴裡不服，心裡還是擔心和害怕。

頓時，茂伯覺得好像是自己被狗咬。

茂伯接到的是桃園法院地檢署的開庭通知，另一份是民事賠償起訴書。

徐老師告茂伯刑事過失傷害，民事起訴請求賠償三萬零七百一十元。

醫療費：兩百元（兩次掛號費）

車資：四百八十元（兩次就醫計程車費）

絲襪費：三十元（絲襪被咬破）

慰撫金：三萬元（精神賠償）

通常，這種案子太小了，不論勝敗，原被告兩造得失金額都遠低於律師費，碰到這類案件，我們會先安慰當事人，消弭對立，而後從法律上分析訴訟的可能結果和利弊，並試探當事人和解或聲請調解的可能性。

法律，是沒有激情的理性；和解，則是需要帶點激情的感性。

就經驗而言，小案和解的困難點在於態度，沒有人能在極度的委屈下還得忍受被迫就範的去和解；不當的威嚇向來只是和解的絆腳石。

在台灣，我們常看到，讓一些有勇無謀的民代介入當事人的調解太多，往往就是案件成事不足敗事有餘的顯例，偏偏我們的社會就愛這一套。

老人家之於小女生，委屈或可吞得下，但尊嚴踐踏的恐嚇，卻難忍受。

這小案顯然已被逼成無路可退的大案。

縱使是個普通的折扣律師，這兩案一併委任，律師費少說也得花上十萬元。

茂伯馬上從口袋掏出十萬元，堅持委任，顯然還有他嚥不下的一口氣。

這已不再單純只是三萬元的賠償官司了。

「茂伯，都過這麼多天了，你是否已改變了心意，如果和解，律師費我可以全數退還給你。」

開庭前一天，我致電茂伯。

「律師，如果你認為像我這樣的一個老人家，應該因為一時的仁慈而被懲罰，那你就解除委任吧。」

茂伯淡淡的回了我一句很尼采的話。

原來，和解對他而言，已是一種污辱性的懲罰。

我錯了，因為案小，我從未認真去體會一個訴訟對當事人真正的意義何在。

自認為資深老練，卻更顯膚淺幼稚。

根據原告起訴狀所載，徐老師是被一隻兇猛而高大的土黃色狼犬所咬傷。

第一次開庭。

法官傳了茂伯妻、吳姓鄰居、許姓村長、在場的娃娃車司機和黃阿嬤到庭。

茂伯妻、鄰居和村長三人一致確認茂伯家只養一隻狗，但是隻台灣土狗，外形是有點像狼犬，名字叫「小黃」。

娃娃車司機和黃阿嬤也確認咬傷原告的是條土黃色的狗。

但是否就是茂伯家養的狗？

司機確認案發當時有聽到黃阿嬤說，咬傷老師的狗是隔壁茂伯家的狗。

黃阿嬤則說，因為當時事發突然，有很多隻狗都在附近狂叫，五顏六色都有，大家都很驚慌，是有點像茂伯家的狗，但不敢完全確認，不過茂伯家的狗名字確實叫小黃。

法官命原告提供更詳細的描述和資料查證；亦命被告提供可供本案反證或其他參酌的資料。

開完庭，我請助理連續三個黃昏，到案發現場錄影及拍照存證，最後洗出十六張所有曾在該處出沒過的狗照片，背後逐一的編號。

第二次開庭。

我提出依序編號十六張照片庭呈法官，並告知其中有一隻就是被告所飼養的狗，請求法官提供原告指認。

原告一張張仔細的察看，轉頭看看後座的男友，然後搖著頭告訴法官，這十六張照片裡的狗都不是。

法官命書記官載明筆錄。

她男友隨即露出了得意的笑。

半晌後。

原告突然從信封袋裡拿出一張照片庭呈法官，並以十分確認的口吻指出，當天就是照片中的狼犬咬傷她。

法官認為照片中的狼犬並非土黃色。原告則表示，當天天色昏黃，有可能是色差或是被告清洗過。

娃娃車司機當庭附和作證確認，就是照片中的狼犬咬傷徐老師無誤；黃阿嬤則仍不敢完全確認。

不意間，我瞥見她男友噘嘴對我露出了不屑的笑意。

法官將照片交庭務員轉交給我，問我意見。

我仔細的端詳，照片是第一次開完庭後幾天所拍，照片中是被告妻牽著一隻狼犬沒錯，是和另一婦人一起在小公園遛狗，十分清晰。

我確認照片中牽狗的婦人是被告妻沒錯，但她所牽的狗……應該不是被告家的狗，因為被告家只有一隻狗，另一位婦人是被告的妹妹，家住大溪，照片中的狗是被告妹妹家養的。

雖然否認，但我的語氣並非肯定，甚至帶點不確定的猶豫。

猶豫的語氣，只是為了更增原告錯誤的確信。

我再次解說被告家的狗在十六張照片中，請法官命原告再次仔細察看確認。

原告再次確認，十六張照片中的狗並非咬傷她的狗，且再次宣稱，她所提照片中被告妻牽的狗，就是被告家的狗，也就是咬傷她的狗。

娃娃車司機也當庭再次附和確認。

法官一時也雌雄莫辨，一頭霧水。

正當法官準備另訂庭期時，我向法官表示，照片中被告妻旁的婦人及被告，均有帶狗到院，就在法院大門外，請求法官容許帶狗進法庭，當場由原告指認履勘。

法庭內一片驚訝聲。

法官給了我一個大大的白眼，以法庭安全為由，當場拒絕。

「兩隻狗都很溫馴，且都關在籠子裡，很安全，請法官能再考慮。」

我補充說明著，試圖說服法官。

法官沉默了好一陣子，法庭內鴉雀無聲，空氣頓時凝結，讓人有股窒息感。

轉瞬間，法官解開已綑整好的卷宗，命庭務員請兩名法警到停車場，準備現場履勘。

「法官，是否由我指認是哪條狗即可，因為如果被告和證人串供，這對原告不公平。」原告立刻提出意見和抗議。

「等會勘驗時，我們會給妳表示意見和指認，且現場的指認勘驗，對妳並無不利之情形，也許馬上就可以找出元凶，還妳一個公道。」

所有人走出法庭，移向法院停車場。

法官再次問原告是被哪隻狗咬傷？原告仍指著她照片中的那一隻。

法官點點頭，似乎胸有成竹。

我和法官互相交換一下履勘方式的意見，經原告同意後，法官找來被告和婦人，耳語一番的交代著履勘的小細節，被告等二人與法警將狗籠子移到停車場中央，而後分別退離現場，法官命法警將兩個狗籠子同時打開，只見兩隻狗緩緩走出狗籠，一時看不到主人，怯生生的站在原地四顧張望著。

在場圍觀的人越來越多，每個人一頭霧水，不知法官葫蘆裡賣著什麼藥。

一陣沉默後，突然從法院外遠處傳來兩個聲音。

「小白，小白過來。」

「小黃，小黃過來。」

是婦人和被告的聲音，一前一後，聲音發自法院前後門兩邊的圍牆外，兩隻狗聞聲各自狂奔，奔往不同的兩個方向。

不久，被告和婦人從不同的方向走進停車場，手上各自牽著他們家的狗。

一切真相大白。

所有人鼓掌，當然，是除了尷尬的原告和她男友之外。

10 回家

悲傷的時候，到哪，天空都是垂著淚。

男人安靜坐著，神情木然，臉上掛著如大病初癒的虛白。

「你好，羅裕仁羅先生嗎？你有什麼法律問題嗎？」我先打破沉默。

「律師，我想要離婚。」

「喔！想、要離婚，那到底是想還是要呢？」

「有差別嗎？」

「當然，想是心裡懷著離婚的意願找律師，要是帶著堅定的決心找律師，兩者當然有層次上的差別。」

「我要離婚。」

「為什麼呢？通常離婚訴訟會涉及幾個主要議題，包括離婚理由、子女監護權、財產分配和贍養費等。你請慢說。」

「我結婚快七年了，有兩個孩子，女兒六歲，兒子四歲。就在幾個月前，我女兒得了嚴重的出血性腸病毒，住院快一個月。這期間，我太太在家照顧我年邁多病的母親和兒子，我在醫院照顧女兒。有一天，我在傷病紀錄卡上意外發現，我女兒的血型和我們夫妻絕不相容。天啊！這怎麼可能？我日日夜夜呵護照料的女兒竟然不是我親生的！七年來，我竭能傾盡的付出，這個家所有的幸福和美滿，竟然只是我太太謊言編織下的一個大騙局！我實在……。」

他愈說愈激動，眼眶早已噙淚。

「羅先生，茲事體大。不過，醫院偶爾也會有抱錯嬰兒或是驗錯血的，你百分之百確認嗎？」

「剛開始我也存疑，也希望是醫院弄錯了。我再三要求醫院確認。後來我就拿了兩個孩子的頭髮和唾液去做ＤＮＡ鑑定，結果很讓我痛心和失望，女兒確定不是我親生的。」講著講著，他側臉把視線移向窗外，淚水滑落白襯衫。

我沒說話，讓眼淚梳理他的情緒。

「失態了，我實在是忍不住，很抱歉！」

「沒關係，人情之常。對了，結婚快七年，女兒六歲，那你有沒有仔細算過，是婚前還是婚後的事？」

「律師，我有仔細算過，兩者都有可能。但後來想想，既然孩子不是我的，就是欺瞞就是背叛，不管婚前還是婚後，一切都無關緊要了。」

「羅先生，這當然有差別，如果是婚前，那是欺瞞，如果是婚後，那是背叛。欺瞞可能是迫於情非得已，背叛是通姦，是對你婚姻權的破壞。」

「算了，我不管了，反正孩子不是我的，我就是不要。我要離婚。」

「好，那我問你，在發現這件事之前，你們夫妻間相處如何？你愛你太太嗎？我希望你很誠實地告訴我。」

「當然。她細心、善良又體貼，這些年來，為我們一家老小付出太多太多了。沒有她，我根本沒本事撐起這個家。」

「那現在呢？你現在還依然愛著你太太和女兒嗎？」

「……」羅先生低頭，雙掌掩面，一陣沉默。

為了讓他冷靜思考，我借故離席如廁，卻在洗手間裡聽到隔牆傳來痛哭的嚎啕聲。倒了杯咖啡，再回座，羅先生已然稍復平靜。

「羅先生，你有把這件事告訴太太了嗎？」

「一個多月前，我把鑑定報告丟在她面前，厲聲斥問。沒想到她直接承認了，說那是結婚前的事。」

「那後來呢？」

「後來，她似乎想解釋什麼，但話還沒到舌尖，就又吞了回去。這種事，哪個男人會想聽？至少我當下沒那個勇氣。我在盛怒下撿起鑑定報告，就轉身離家了，從此再也沒有回去過。」

「你不想念你媽和兩個孩子嗎？也許，你可以試著走回去看看，那也是亂緒中的一條路。還有，你應該聽過一句俗諺：**別在盛怒時下決定**。先試著讓自己冷靜下來，冷靜，可以讓一個人的視野更高、更寬廣。」

「發生這種事，我想，我已經是無路可退了。我要爭取兒子的監護權，她和女兒，我都不要了，是她毀了這個家，怪不得別人。就請律師直接幫我訴訟吧，我知道你是好意，但我什麼都不想再聽了。」

「好吧，既然你這麼堅持，那就麻煩你先填個簡單的個資，然後先回去把這張清單上所有訴訟所需的證物資料準備好，兩星期後再過來。」

離婚像自殺，往往都是長期壓抑的累積加上一時的情緒。因此，通常律師會找理由把時間拉長；時轉念轉，當情緒找到了出口，也許悲劇就會流往另一個方向。

兩星期後，羅先生備齊所有資料，依約來到事務所。

看來我的拖延策略顯然失敗了。

我告訴他，他雖可依法提起否認父女關係存在之訴訟，但爭取兒子監護權，未必如願。因為法官原則上不會把孩子拆成兩邊，縱使女兒非羅先生所親生，但就母親而言，兩個孩子都是她所親生。通常人們會認為一邊一個最公平，但對孩子來說，那只是我們大人自私的假公平和真殘忍。兄弟姐妹一起成長是孩子人格養成不可或缺的一環。為了孩子的利益，法官原則上都會判歸一方。更重要的是，法官的判決向來遵循「子幼從母」的原則。為了避免可能喪失兒子的監護權，我建議羅先生只先提起離婚訴訟。

他點頭表示理解，接受我的建議。

我們剛談完不久，助理帶著羅太太走進來。

羅先生看到太太突然出現，瞄了我一眼，滿臉無措的尷尬和不悅。

一般而言，如果律師只是想單純訴訟賺錢，最好別幹這種事。

「羅太太妳這邊請坐。羅先生，很抱歉，是我擅自做主聯絡你太太過來的，請你先聽我說幾句話。上次你說，你很感謝這些年來你太太曾經為這個家所付出的一切。我想，這之前你們私下應該從沒好好協商過，所以我想讓你們當面談談，或許事情還有轉圜的餘地，或許沒有，那也沒關係，如果你太太對離婚也沒意見，那你們今天就可以把離婚協議書簽了，不用再花錢花時間上法院了。」

我還沒講完，羅太太早已哭成淚人兒。

「好啊，既然大律師都把妳找來了，我倒想聽聽妳還有臉跟我說些什麼！」羅先生目光如冰針般的刺向羅太太，隨即又把臉側向另一邊。

羅太太只是不停啜泣，整個空間裡流竄著她的抽噎聲。

「妳光哭不講話，那妳來幹嘛？妳是想要用眼淚來掩飾這些年來的欺瞞和背叛嗎？我告訴妳，沒用了，從事情發生那一刻起，妳的眼淚根本就不值錢了！」羅先生字字誅心，句句見血。

又是一陣令人窒息的沉默。

「羅太太，面對這樣的窘境，我知道妳很難啟齒。人生中，有些錯是傾盡一生也難以彌補的，但我相信這些年來妳為這個家所付出的一切都是真的。今天妳既然都肯來面對了，多少講幾句話吧。」我試圖緩頰。

羅太太擦乾眼淚，聲音怯懦而微弱地哀求：「回家……回家好嗎？媽媽和孩子都很想你……。」話語剛落，再度泣不成聲。

「回家？妳一夕之間就讓我沒了幸福沒了女兒，那算是家嗎？我看又是妳在說謊和演戲吧？要演妳到法院去演，要騙妳去騙法官吧！我沒空陪妳在這裡浪費時間，我們法院見。」

一說完，羅先生迅速拎起外套，起身快步離去。

「羅太太，很抱歉！沒能幫上什麼忙。」

「律師，是我該謝謝你給我這個機會。我了解我先生的個性，他溫厚心實，是個不太容易發脾氣的人，但是一旦情緒發作了，就需要很長的時間去消化。只是這一次，恐怕這一輩子都難了。一切都是我自己的錯，我能體會做為一個先生的心情，如果是我，我也無法承受這一切。只是，如果真的離了，以後兩個孩子怎麼辦？年邁多病的婆婆又怎麼辦？孩子都還這麼小，未來的日子，我實在不敢想像。」

羅太太再度淚眼婆娑，我抽了張面紙遞給她。

「羅太太，每一滴眼淚的背後都有它的故事，解一個結，都必須從源頭開始，再難，還是要盡力。當年到底發生了甚麼事，妳是否願意讓我當一個傾聽者？或許讓我知道一些，對妳們這案子會有所幫助也說不定。當然啦！妳並非我的當事人，甚至有可能是我代理訴訟案件的對造，如果妳有難言之隱，我也不勉強。」

遲疑了一會兒，羅太太緩緩地開口了：「早在結婚前幾年，我就認識我先生了，他曾經短暫的追求過我，但過沒多久，他就被公司遠調高雄。雖然彼此還是有聯絡，但距離還是成了我們那尚未成熟感情的障礙。之後一段時間，我也曾偶爾聽聞過些許關於他寂寞曖昧的傳聞。駱建華是我大學同學，也是當年我大學閨密的男友。我們是在畢業多年後的一次同學會重逢。重逢不久後，他開始對我展開熱烈的追求。雖然當時我對我先生仍有所期待，但我心裡總是有些質疑和害怕，害怕到最後我們之間只是一個既遙遠又沒結局的等待，所以，一開始我拒卻了駱建華的追求，但最終我還是慢慢地陷入了。當我陷入不久之際，我先生突然又調回台北了，更讓我逆料的是，他比以前更積極更熱切的追求我。頓時，我讓自己跌入了兩難的窘境。正當我在兩難中苦惱時，有一天，我突然收到駱建華的結婚喜帖，就在當年情人節前夕。更令我意外的是，新娘竟然是我當年大學的閨密好友。喜帖，是他分手告別的宣示。對我而言，駱建華是個騙子，對我先生而言，我自己也只是個騙子。騙子被騙，是剛好的應報而已。而就在他們大喜之日前，我就和我先生登記結婚了。」

「婚前知道懷孕了嗎？」

「我知道，但我以為是和我先生有的。」

「不曾懷疑過嗎？」

「確實，我曾經懷疑過。」

「既然有所懷疑，而且那極可能是婚姻幸福的變數，你是否曾經考慮過拿掉？」

「不可能，那是一個生命，而且我是一個基督徒。」

隔週，羅先生兩度來電，還是堅決提告離婚。

第二個週末，我寄了一封電郵給羅先生。

羅先生好：

起訴狀昨天已經遞送法院。離婚訴訟屬於必調案件，法院也會要求律師偕當事人親到，屆時我會通知你。

其實，在我眼裡，你是個好先生好爸爸，你太太也是個好太太。很遺憾，兩個好人卻無法圓一個幸福美滿的家。

你太太告訴我，你每個月固定從薪水中撥出一小部分給雲林縣家扶中心，前後認養了兩個孩子。你應該從沒見過這兩個孩子吧？但你不欲人知且甘之如飴。我想，生與養，從來就不是你生命中的難題。

大愛可以無恨也可以無情。也許放下，才能贏得人生。

一個月後，事務所接到法院調解通知書。

我傳LINE給羅先生，他卻一直已讀不回，直到調解前一天，他回我：「堅決離婚，不克出席調解。」

二調不成，法官很快便通知開庭。通知書備註欄用星號粗體字標示「※請本人務必親自到庭」。

我很高興這案子能分到毛崑山法官手上。

我和毛法官認識二十幾年了，他的辦案態度和善、耐心又精準，只要是有理的委屈，他都可以耐心聽你說到天荒地老，面無慍色。

我們向庭務員報到後，在走廊休息區等候，羅先生坐在斜對角，安靜得像羅丹的名作——「沉思者」雕像。

離開庭時間還早，在很長的沉默之後，我再度試著跟眼前的這座雕像聊聊。

「羅先生，等一下就要開庭了，你還是堅持要離嗎？」

「家事法庭是親情最冰冷殘虐的舞台。法庭上總是沒好話，謊言傷人，真話更傷。開庭次數愈多，交互辯駁越烈，只是會讓彼此撕裂得更體無完膚。很多原本還有機會修補的，上台後就再也沒有退路了。」

他始終沒回話，還是安靜地坐著，額頭及兩鬢青筋勃露，兩眼滿布著過度疲倦的紅血絲，但沒有不耐的表情，只偶爾張望著走廊盡頭的樓梯口，眼神慌晃而期待。

我讀得到，他的心在聆聽，也感覺得到，他似乎是猶豫了。配合他翻湧起伏的情緒，我繼續我的自言自語。

「就我執業多年的經驗，要為你贏這個官司很簡單，但要為你贏一個圓滿的人生，很難。因為一旦法官判決你贏，你們的婚姻關係是消滅了，但心中的懸結是永遠無法抹滅的。很多親情的官司都一樣，若干年後回首，當事人才驚覺，當年凌厲逼人的處置，毀去的不僅僅是對造，字字句句也同樣成了刻印在自己心頭一道道隱密的傷口。縱使你們協議好孩子一邊一個，但從此女兒沒了父親，兒子沒了母親。孩子有一天會長大，會知道法院判決，會探究來龍去脈。當然啦，這一切都是你太太的錯，失去婚姻是她咎由自取的應報，但，孩子何辜？尤其是女兒，總有一天，她會明白，因為她的存在，讓母親失婚；她也會清楚，你當年不要的不只是婚姻，也包括她。」

羅先生緩緩抬起頭來，眼裡噙閃著厚重的淚光。

我知道，他動心了，滑開他的視線，我若無其事的繼續著我的叨絮。

「這是你的生命中一場慘烈不堪的風暴。我不是你，無以完全領略發現真相時的痛，但我曾在電郵中說過，生與養，從來就不是你生命中的難題。或許你也可以當成是你認養的第三個孩子，若干年後，你女兒也會發現自己與你們絕不相容的血型，但她也終將體悟，血型只不過是個血液鑑別的符號，而不是情感親疏鑑別的符號，這符號見證了她父親雍容大度的人生。」

「即將開庭了，你的決定將決定你們一家人未來一生的轉折。我是你的律師，我的筆，可能因為勝訴而停止了你一時血淋淋的傷痛，但也可能是為你們和孩子畫下一輩子更為巨大的傷痛。我希望你考量的基礎是你心中是否依然還愛，而非傷痛。愛可以縫合傷痛，傷痛卻盡是毀滅愛。慎重你的決定，我也尊重你最後的決定。」

一陣沉默後，羅先生嘴角浮起一絲略帶滄桑的笑意。

突然間，兩個近乎兵荒馬亂的跑步、尖叫聲，劃破法院長廊冰冷的寂靜，引來所有人側目。只見羅先生箭步迎向前，不偏不倚地一手抱住一個，四隻小手也把他用力緊抱，不停地親了又親，宛如飢餓的小狼犬拚命地噬舔著一塊小鮮肉。

後頭的羅太太站得老遠，淚水直流。

兒子：「拔比，你到哪裡去了？這麼久沒回家？我們和阿嬤都好想你。」

女兒：「笨蛋！媽咪不是說快過年了，拔拔去賺錢給我們買新衣新玩具嗎？」

兒子：「拔拔，我們家是不是沒錢了？那以後我要賺很多錢給拔拔。」

女兒：「拔拔，我也要賺好多好多錢給你，你就不用那麼辛苦，可以天天回家了。」

一股心酸難抑，羅先生把頭埋在一對兒女之間，縱聲大哭。

兒子摸著爸爸的頭髮，女兒幫爸爸擦去淚水：「拔拔，你怎麼哭了？哪裡不舒服嗎？」

兒子回頭：「媽咪，拔拔哭了啦，妳趕快過來啊。」

羅太太掩面，哭跌在長廊另端的座椅上。

庭務員點呼開庭。

羅先生抱著兩個孩子入庭，坐在我旁邊。

兩個孩子發現媽媽坐在對面：「媽咪，妳趕快過來啊，我們是同一邊的。」

羅先生向我點頭示意。

我默契地向毛法官表示：「原告要撤回訴訟。」

毛法官：「羅太太，孩子在叫妳，趕快過去，被告這邊已經不是妳的位置了，你們全家永遠是同一國的。」

羅太太輕拭著淚：「謝謝法官。」

毛法官：「那只是一個意外，一個命運裡乖舛的陰錯陽差。好壞都相擁，就是一個家。」

在撤回筆錄上簽完名，我向毛法官簡單示意後步出法庭。

「就要過年了，快回去吧，你沒聽到，兩個小孩都爭著說要賺很多錢給你！」

「謝謝律師。」

羅先生一手抱一個，羅太太伸手要接，兩姐弟全轉頭緊抱著爸爸的頸項，互不相讓。

羅太太回頭對我點頭致謝，掛淚的臉終於找到了微笑的理由。

是呀，好壞都相擁，就是一個家。

11 暗影

她的名字叫蔡苡真，家境相當的寬裕，是台大畢業的高材生，也是父母獨生的掌上明珠。

她長得很美，一種靜雅脫塵的美，美得如梅般的橫逸愁人，要不是身高稍矮，簡直是名模林志玲的翻版，這在法律系的女學生裡，是難得一見的。

一個燥熱的午後，蔡苡真釘坐在介壽公園涼亭內的椅子上，痴看著凱達格蘭大道上的車輛筆直秩序的穿流。陸客一團接一團，占據了兩旁的廣場，每個人搶拍著總統府和那不起眼的白色恐怖紀念碑，來了又去，去了又來。

不論男女，每個人都衣衫革履，搭著搶眼華麗的名牌包，胸前掛著最新的精美日製單眼相機，只要數得出來的各國名牌，在他們身上都可以找得到。

她一個人呆坐傻想，比不遠的于右任銅像還安靜。

看似盯落著眼前的這一片繁華和喧鬧，但不論熟與不熟的場景，她都只是映眼不入心。她身在其中，卻又不屬於他們，她一切視若無睹，只存在自己虛靜的視界裡。

突然「呸」的一聲，是個陸客阿伯，一口濃痰，不偏不倚的橫吐在小花圃剛盛開的一朵小菊花上，剎時被驚醒，蔡苡真瞟了陸客阿伯一眼，拎起背包，轉向貴陽街北一女的方向。

也不知道坐多久了，看見夕陽早已垂掛到總統府後方，北一的小綠綠一個個魚貫穿梭出校門，看似零亂卻又規則秩序，整個校門口綻放成幾條井然奔騰的綠色小河，蔡苡真才突然驚覺到自己至少在介壽公園裡呆坐了三個小時。

六年前，她也曾屬於這條綠色的小河。

猶記得，在高三某次段考的前一天，她偷了同學Kitty貓造型的橡皮擦，若無其事的放進自己的口袋中，她並不想惡作劇，卻又抑不住心中一股被驅使的強烈渴望。放學後，她把橡皮擦丟進垃圾桶，丟掉後覺得整個人頓時變得自在輕鬆，她說不上原因，但卻悔恨了好幾天。

那是她記憶中第一次的偷竊。

離父母下班回家還有一個多小時，她不知道自己該轉向哪個方向，於是，她決定走路回家。

遠遠的，她聞到了一股怪味，是一股令人心生嫌惡的氣味，她從不知道該如何形容這味道，直到三年前，在辛亥路的市立第二殯儀館參加外祖父的喪禮時，她才有了經驗。

她快步的走過全台最昂貴的南門市場。

黑鴉鴉的人潮將羅斯福路和南海路口一帶擠得水洩不通，她來到一家通訊行，蘋果、三星、HTC等多家大廠牌新機上市，店內門庭若市。

突然間，彷彿是有股惡魂自心中最幽暗的谷底泅泳而出一般，蔡苡真不可抑的擠進了人群，她隨意的順著人潮動線繞了一圈，最後她站定了位置，盯上了HTC最新一款的紅色蝴蝶機，她注目了很久，幻想著自己已然化身為一隻翩舞的彩蝶。

她知道，這款手機是從日本紅回到台灣，她足足看了好幾分鐘，後來，她用力的擰了自己的大腿好幾次，好讓自己清醒。

急走出店外。

十分鐘後，她又折了回來，就這樣反覆的折返了兩次，最後一次，她背包拉鍊早已打開，右手拿起蘋果新機，左手很快的從掛架上輕輕順勢一撥，蝴蝶飛入了她的背包裡，她走向櫃檯結帳，心臟猛跳，表情從容。

再一次，她得手了。

她疾步的走往永和家的方向。

上永福橋前，天色已昏暗，這城市的光開始到處朵朵的綻放著，她轉進了一條暗巷裡，伏牆在水溝旁吐得一塌糊塗。吐完後，她覺得有點虛，她知道，剛剛失控一切已暫時結束了。

她漫步的走上永福橋，在橋上停留了很久，下班的車潮熙來攘往，轟隆隆的車陣聲淹沒了她的輕泣聲，她打開背包，拿出剛偷來的蝴蝶機，憤怒的隨手用力一拋，讓蝴蝶在黑暗中飛進了新店溪。

遠處的街燈，把她的影子拉得很長很長。

她心裡很清楚，這已是她第三次將偷來的東西丟進新店溪了。第一次是大賣場的一隻趴趴熊玩偶，在去年律師高考前一星期。上一次是文具店的一副魔術撲克牌，在去年司法官特考前三天。

下星期，她又即將要參加司法官特考。

「今天念得怎樣？累不累？」

蔡苡真一進門，母親關心的問著。

「還不是都一樣，都已經是第二年了，比較有心得，也較能掌握進度了。」

蔡苡真隨口應著，她不知道自己相同的話已講過了多少回。

「要有堅定恆心跟毅力，法律系的學生要出人頭地，比的就是這點而已。你大表哥當年律師高考可考了七、八年呢！」

這句話，也不知道已聽母親講過多少回了。

「知道了，我們一起下廚吧，別再比了，我已經很認真了。」

「好，媽不說了，我們知道考試的人壓力大，就不說了。沒幾樣菜，我自己來就好，妳去念書吧。」

「我已經念一整天了，就讓我幫忙吧！」

「也好，那妳幫忙挑地瓜葉。」

蔡苡真覺得媽媽今天心情好，膽子突然就變大了。

「媽，我有同學已經開始在律師事務所上班了，我想，我可不可以在下一期和同學一起去參加律師訓，就不要再考司法官了，好不好？」

這是蔡苡真在想了幾十回後，第一次鼓起勇氣提出自己的想法。

「不行，都已經再準備一年了，怎麼可以輕言放棄。女孩子當法官比較有保障，這幾年律師錄取名額已開放到飽和了，競爭很激烈，新律師的收入已經大不如前了，難道妳不知道嗎？絕對不行。」

一旁看報的父親立刻丟下報紙，轉頭告誡著她。

蔡苡真沒再接腔，心裡想，反正再說也是白說，挑完菜後逕走進自己的房間。

小時候商學系高分，就說念商好，這些年法律系高分，就說法律好；以前律師難考，就說司法很黑暗，法官常誤判，生兒子沒屁眼，現在又說是律師生兒子沒屁眼。反正在他們心裡，高分難考難爭的，就是比較好。

洗澡時，蔡苡真發現，自己的手竟不自覺地微微顫抖，頭髮隨便用力一搓就掉，每洗一次澡排水孔就得清一回，長此以往，難保自己遲早不會變尼姑。

自從北一女段考前那次橡皮擦的事件後，蔡苡真每次逢考、逢壓就必偷。她從床下拉出一個紙箱，箱子裡堆滿了各色的戰利品，從鉛筆、玩具到髮夾，甚至是從西餐廳順手牽羊來的小刀叉，應有盡有，琳瑯滿目，但盡是些沒用或用不著的東西。

躺在床上，她想著下午通訊行裡的那一幕，全身還是些微的顫抖著。她輕巧的將那隻蝴蝶掃落到背包裡……伏牆在暗巷的水溝旁猛吐……蝴蝶又翩翩的飛落橋下……在橋上解放後頓時失心的啜泣……

她感覺到全身僵直，睜眼到天亮，無法入眠。

她知道自己病了，她看過影星龍君兒和琳賽．蘿涵等人的故事，但她要向誰說？又能向誰說？她是一個台大法律的高材生，也已經是個通過高考的準律師，將來還有可能是一個定人罪與罰的法官，這一切怎會發生在她這樣一個法律人的身上？她感到無比的痛苦和罪惡，掩被失聲痛哭。

考前整個星期，蔡苡真根本都沒進過央圖，也沒翻過書本，她整顆心都被一個巨大的黑影所籠罩，中央圖書館附近的大小公園和學校都有她的足跡。

整個星期，蔡苡真就像是都市叢林裡一具輕飄飄的遊魂。她甚至曾在一天裡，捷運淡水新店線來回坐了三趟。她也曾特地彎到媽媽嘴咖啡館去朝聖，在淡水河邊的水筆仔樹叢中尋找，尋找蛇蠍女謝依涵殘忍的殺戮和陳進福夫妻慘死的浮影。她幾乎穿梭過整個城市，但卻感覺到整座城市像是崩毀的沙城，一切都很飄渺，都跟她無關，好像如果沒做那件事，她就等於不存在這個世界。

考前三天，父親拿給她一個從文聖帝君廟求來的香囊，她夾在民事訴訟法的課本裡，那是她向來最沒把握的一科，去年放了兩個，還是沒考好。

考前兩天，她走進了重慶南路的一家書店，書局裡的氣氛可以緩和情緒。

她閒漫的逛著逛著，駐足在二樓的一排書架前，她站了很久很久，眼前盡是民法、刑法、商事法、訴訟法、考前猜題的書籍。突然，考試即將登場的一幕在腦際一閃而過，莫名的情緒再次湧上心頭，她以迅雷不及掩耳的速度將架上的一本書丟進了背包，面色從容，慢慢的下樓，走出書店。

甫一出店門，蔡苡真被店員攔了下來，店長將她帶到他的小辦公室，警察很快也就到了，她知道怎麼一回事，臉上沒有一絲的驚慌，安靜得像是在參與處理別人的事一樣。

警方查問時，她坦承犯行，沒有哭泣和求饒。

雖是公訴罪，警方還是要求雙方能否試行和解，也希望店家原諒。

店家要求書本售價金額二十倍的賠償金，就是一萬元。

蔡苡真認為二十倍不合理，身上也沒一萬元。

店家認為是店規，堅不讓步，要求通知家屬。

蔡苡真表示自己已成年，沒有人需要替她的行為負責。

竊盜是公訴罪，和不和解，警方最後還是得移送地檢署。

考完試的第二天，蔡苡真到事務所找我。

其實，這案件很簡單，根本不必花錢委任律師，但有些時候有些案件，當事人找律師往往只是求個心安，而受任律師在此類案件中只需負責兩件事，就是找店家和解後和檢察官協商。

我透過關係聯絡書店，很快的代蔡苡真和店家達成和解，賠給書店一千元。蔡苡真年紀輕，是初犯，沒不良前科紀錄，而竊得的商品價值非高，惡性非重，又與受害人達成和解，檢方徵得店家同意後，很快的就以微罪不起訴的方式處分本案。

案件落幕了，她的父母從頭到尾都不知道發生過這件事，蔡苡真生活暫時恢復了表面上的平靜，但我不知道她接下來如何面對她的人生和壓力。

三個月後，助理告訴我，蔡苡真的名字出現在司法官特考的錄取榜單上。

12 老男人日記

三月十五日

律師你好！

你的名片，我在雜亂的抽屜裡找了很久，在口袋裡也放了很久。很冒昧，最後選擇用這樣的方式跟你對話。

請不用費心查找我是何方神聖，就姑且稱我是「全天下最懦弱的老男人」好了。

我常捫心自問：我這輩子真正活過嗎？

從小，我害怕領獎。早年學校規定上台領獎一定要穿鞋子。記得小一第一次月考考了第一名，朝會時上台領獎。一上台，校長便注視我的腳，一時驚訝得咧嘴失笑搖頭，一臉不可思議。因為鞋底不見了，只剩鞋面還掛在腳踝上。台下師生爆笑成一團，我的淚立刻噴湧而出，雙手摀著臉跑回家。

母親沒罵我也沒安慰我，陪我哭了一整天。

從此到國小畢業，雖然月考從未三名外，但我再也沒有上台領過獎。

那已是六十幾年的前塵舊事了。我們家貧窮，窮到父母把念小一的妹妹賣給人當養女；窮到連婚姻選擇權也被剝奪。

我結婚四十年，兒子今年已四十一歲，女兒三十七歲。

多年來，我一直在尋找一份勇氣：一份自殺或離婚的勇氣。

經常地，每每在醞釀多時後，孩子的一個笑或一聲哭，就讓我所有的勇氣在還沒凝聚前就已全然崩解和散落。就這樣，幾十年的歲月就像週而復始的旋轉木馬。而心中不斷崩解的勇氣，久而久之溢散成一種無名的徬徨和恐懼，在血液中沉睡，深夜裡甦醒。

我想，只要鬆手，老男人就可以順著離心力，逃離那永不止歇的旋轉木馬了。

鬆手，需要勇氣和律師的協助。

——懦弱的老男人　敬筆

信封上沒有地址，只註明「內詳」，筆跡蒼勁大器，毫無懦弱的氣味。

老男人到底何許人？從他翻找名片之舉，應是我曾經認識的人，但又感到無比的陌生。遍猜不著，我只能發揮偵探精神，再三細讀信中內容，從郵戳印上研判寄發地，希望能找到蛛絲馬跡，但最後仍無法從筆跡、內容或郵戳判讀出這個自稱懦弱老男的真實身分。

三月二十一日

我是個領死薪的上班族，每個月初都會將薪水全部交給太太，那是她最眉飛色舞的一天。我太太勤勞能幹，能燒一手絕妙好菜。她開過餐廳，做過委託行，收入豐厚。

婚後不久，我們就買了間房子，登記在我太太名下。我把父母接來同住，順便幫我們煮飯、看孩子。

她們婆媳互動不多，雖然彼此偶爾會有些碎言碎語的抱怨，在我面前倒能相安無事，但我聞得到一股假面和諧下逐漸醞釀的風暴。

某一天，我比平日早一些下班回家，在樓梯間正要開門時，聽見太太帶著哭腔的指責聲：「孩子長大了，而且還是一男一女，當然要分房睡。不然要他們一個睡客廳嗎？」

為了化解突然回家的尷尬，我故意將開鎖聲放大，還多轉了兩圈。一進門，母親若無其事地在廚房挑著菜：「今天怎麼比較早？」

我瞥見太太快步轉進洗手間的側影。

當我第二天回家時，父母已經不在，母親後來來電淡淡地說是到弟弟家住幾天。

弟弟的家更小，人口更多。他們就連漱口杯、牙刷、拖鞋和所有衣物都帶走了，怎會是小住幾天？

我倚在父母房門口，呆立良久，望著清空後几淨明亮的房間，迷茫中，彷彿看見父母親年邁佝僂走動的疊影。沒想到這次的小住幾天，竟是以多年後的相繼過世為休止符。

我們為了此事有過幾次的爭執，「房子是我買的，錢是我付的，名字也是我的，你的薪水連買孩子的尿布奶粉錢都不夠了，有本事就自己拿錢去買間更大的再來跟我吵。」她在爭吵幾回的哭鬧咆哮後，用如此髒冷的話替我洗臉。

「離婚」兩個字，就這樣第一次的閃現在我腦海中。

——憤怒的老男人　敬筆

三月二十八日

有一次開同學會，我偕我太太同行，餐後大家一致決議續攤去唱歌，突然有個如驚天巨雷般的聲音從我背後劃過：「XXX你不准去！」在場所有人一時啞然，面面相覷。我只能端出一張漲紅而虛矯的笑臉：「你們去好了，我下次再參加。」

回家後，我馬上打電話跟同學們說抱歉，騙稱我老婆罹患了嚴重的躁鬱症。雖稱是騙，但我認為或多或少，或是將來遲早的事。

又一次，她到香港採購，我約幾個好友聚餐，她剛好來電，電話中問我是哪幾位朋友？在哪家餐廳？我一一如實以告。幾分鐘後，她竟然立刻打給其中一位，問他是否跟我一起聚餐？還有哪幾位和哪家餐廳？讓我從此成為別人餐桌上的笑柄。往後聚餐，只要我接到太太來電，朋友們個個如驚弓之鳥，馬上關機。

又一回，到朋友家打牌餐敘，她帶了一包上等牛小排當伴手禮，後來因為菜多而未料理。打完牌，她竟從冰箱中整包拿回家，理由無他，只因那晚她兵敗方城。

也曾經，我們一起開車南下訪友，就寢前，她從後車廂提出棉被和枕頭。朋友妻一臉尷尬，她竟若無其事，甚至得意地闊論著棉被枕頭的來歷和材質。此後，我不再和她到朋友家過夜。

每一次，事後我都會糾正她，她卻可以氣壯理直地認為大家這麼熟，又沒什麼。彷如讓夫丟臉是為妻的快樂，是她人生中引以自豪的一大成就。

四十年來，我隨時都得戰戰兢兢地承受她種種生活中突來的蠻橫和點滴錯，是常人。能錯得如此理直氣壯和不可理喻，就是非凡人了。

——丟臉的老男人　敬筆

四月八日

我們家族有個宗祠，清明祭祖，前一晚我特別提醒她，她沒應我。凌晨起床如廁，她還在吃零食看韓劇。第二天早上，我盥洗後叫喚她三次，只見她翻過身抱著棉被背對著我，連哼一聲也沒有。

我沒生氣，因為她嫁進這個家門四十年，沒掃過三回墓，早年還會裝病編一些藉口，這些年她連藉口都省了。以前祭拜時，我也會如法泡製，拿她騙我的理由來騙祖先和到場親戚。現在，我自己也連藉口都省了。

我在想，送人人送、祭人人祭，代代不變的法則。若干年後，眼前的牌位遲早也會刻上我們的名字，她輕蔑不敬的態度，已無足以在我們宗祠立上一席之位。

離婚，改天她走了，骨灰就只能送到靈骨塔，我想，這是我報復她的最佳選項。

——不孝的老男人　敬筆

四月十五日

我退休多年，一部機車是我唯一的財產，每月老人津貼五千元。我們有兩間房子出租，抱歉，更正一下，應該說我太太有兩間房子出租，她每個月從房租中給我六千元。岳父過世後，加薪兩千元。我衷心感謝岳父的死，帶給我這份意外福利。

從結婚起，家裡一切都是她張羅處理，我吃住無慮。但我平常也只能騎車或搭免費公車去做一些不必高額消費的活動。不過，偶爾也會脫線出格，讓自己過得像乞丐。

上個月我去了八里的媽媽嘴咖啡店三次，一邊反覆想像著蛇蠍女謝依涵是如何殘殺陳進福夫妻而最後卻能免於一死，一邊慶幸自己是個窮老。

這幾年我特別喜歡到淡海，有時一坐就好幾個小時。也許在別人眼裡，我只是個淡水河邊的孤老遊魂，但我希望自己能有海天一線的壯闊。

——孤寂的老男人　敬筆

五月十四日

今年初，一群朋友約我美西十二日遊，團費十萬餘，我不假思索爽快地答應了。

「你去過了，沒必要再去！」她直接回絕我，口氣一派輕鬆，輕盈得彷如話未出唇就已融化在空氣中。

我心想，沒去過的地方她就會同意嗎？我們家經濟好轉，我卻依然還是個只能向她伸手，沒自由沒尊嚴的老乞丐。生命，真正的財富與幸福不在擁有，而在於分享。她懂，甚至可以朗朗上口，但，她竟把施捨式的分配當分享。如果尊嚴重於生命，那我這輩子早已幾死幾生過幾回了。

隔月，朋友的老婆打電話向我恭喜，說我老婆又換新車了。我當下先是一愣，但立刻回神感謝她的來電告知。我知道自己笑得很冷很生硬，像是在聽一則別人的故事。

這是我老婆第四輛的全新賓士了。我恭喜她，這是她辛苦應得的，但我懷疑，我們算不算是夫妻？

所以，縱使結局會摔得粉身碎骨，這次我決定鬆手，離開生命裡我已乘坐四十年的旋轉木馬。

——無助的老男人　敬筆

附註：五月十七日下午兩點，重慶南路寧波西街口轉角丹堤咖啡見。

兩點一刻了，並沒有看到東張西望的老男人走向東張西望的我。

快四點了，空蕩蕩的咖啡館只剩我一人。

結帳走出咖啡店，春末的五月天，太陽就已經像個憤怒老婆，潑灑著令人無法招架的炙熱。突然，有張半生熟的臉，在南海路郵局街角紅磚道上蟻躁的人群中擦肩而過，低頭匆匆走向植物園方向。

婚姻邊緣總是這樣，當你千方百計地想逃離，卻在決心想要離開的時候，遇到一個留下來的理由。

不知老男人是否已經找到了讓自己留下來的理由？

一進事務所，我收到了老男人的最後一封信：一筆沒有談過話的談話費。

我靜靜地思索著剛剛街角那張半生熟的側臉。

四十年不見了，是您嗎？老師。

13 三季人

執業二十六年來，我只在第一年參加過一次律師節大會。

民國一百年九月九日律師節前夕，我收到台北律師公會的邀請函，假大直典華餐廳參加資深律師表揚大會，資深的另一層含意就是老了。

我沒參加。

後來，台北律師公會以快遞送來紀念獎座，是座以草綠為底色的七彩意象造型琉璃，底座是方形暗綠大理石，上方刻有「伸張正義」四個大紅字，高約三十公分，十分光彩耀眼。

助理隨手將它擺放在保險櫃上方，我一直把它想像成山普拉斯所榮獲四大滿貫賽之一的溫布頓網球公開賽男單冠軍杯一樣，榮耀且珍貴。

律師節大會，往年都在喜來登飯店地下一樓舉行，近年來已悄悄移師大直典華，除了這幾年律師人數暴增因素外，那裡的排場更氣派更稱頭，這是虛矯下的必然。

除了領一本最新的六法全書外，我想，大多數的律師都不知道自己到場參加律師節大會的意義何在。

很少人能想像，一大群自命清高的論辯高手齊聚一堂，是何等景象。我曾見識過，現場的寒暄，絕對遠比《甄嬛傳》更精彩，比華妃更令人瞠目結舌。而我，也曾是其中之一。

某天，一時心血來潮，我拿起紀念獎座仔細的端詳一番，發現琉璃表面略呈微霧狀，並不如遠觀時的光彩奪目，琉璃內布滿大大小小的氣泡，些許氣泡或許是琉璃製程的自然現象，但多了就是瑕疵。

嫣紅金底的「伸張正義」四個大字相當違和刺眼，色彩和整個獎座相當不協調，和琉璃意象的質感也不相襯，設計美學粗糙而庸俗，藝術價值感，甚至還遠遜於民間土葬立於墳前的墓碑。

我將紀念獎座放回原位，心裡有些失望。

它，代表著我執業二十年的青春歲月，原以為光彩耀眼，靜思細數過往二十年，才恍悟，微塵微霧微瑕疵，一份庸俗的美感，這紀念琉璃倒也真實貼切的呈映，相襯著自己不完美的二十年。

二十六年前，在同學的引介下，我到重慶南路的一家事務所上班，這是我人生的第一份工作。

事務所是高幾屆的一位學長所開的，學長在校時就十分優秀，是該屆該班第一名畢業，應屆就考上律師，在那錄取名額尚未完全開放的年代，是件相當不容易的事。

我永遠記得，學長每次在法學圖書館K書，他都很早到，從書架上拿下很多的書籍，占滿他周遭的空位，使整張大書桌都歸他一人使用，不受干擾，這是我們這種笨學生一輩子都學不會的小聰明，小幾屆的學弟妹們大都認識他。

學長的事務所相當寬敞豪華，有接待室、調解室、會議室、圖書室和休閒咖啡茶水間，八個受僱律師，每人一間獨立辦公室。

當時聽說學長還在當兵，依規定阿兵哥在外不得兼職，因而所有訴訟案件都得由受僱律師處理。也聽說他有個哥哥是高階警官，因而案源相當充沛。然而最不可思議的是，事務所裡有個工商法律顧問服務部，該部門設有一個公關主任，旗下養了十幾個法顧業務，專門招攬公司行號聘僱事務所為常年法律顧問，按年費及個案收費後，再和事務所比例拆帳。當年的客戶群高達近千家以上。學長的事務所，曾被當年某知名雜誌評選為全國十大律師事務所之一。

學長很有能耐，邊當兵還可以邊經營如此大規模的事務所，可以把律師事務所經營得像拉保險和多層次傳銷業務，儘管不解，但也不得不佩服他這般過人的能耐。

上班前，我到錦州街一個遠親的西服店訂做了幾套西裝和襯衫，順便選了幾條稱頭的領帶，準備好迎接我人生的第一份工作。

一進辦公室，助理早已把桌椅擦拭得晶亮，隨即遞上一杯茶：陳律師，有任何需要，只要按一下內線電話，隨傳隨到。

想起幾天前還過著煮泡麵的生活，如今連一杯茶水都是別人奉上，一切都過度新鮮得有點不自然、不真實。

我天天換穿不同套的西裝，搭配不同款式的領帶和皮鞋，提著一個沒裝任何資料的〇〇七硬式手提箱，走著老態的步伐，姿勢向左微傾十五度，眼神晶亮飄浮，隨時注意著是否有人注目著自己。自覺整個人都變了，整條街都變了，整個人生也從此都變了。

經常，我們幾個年輕律師都會聚集在會議室，每個人穿的都是新皮鞋、新襯衫和新西裝，端著一杯咖啡，故作輕鬆的高談闊論著，宛如一夜間都從醜小鴨變成了飛上枝頭的鳳凰。

這是我第一次如此的西裝革履，只是，突然讓許多華麗的外在包裹著一個虛浮的空殼，一切都顯得輕飄飄如風。

現在，偶爾在法院看見一些年輕律師的模樣，就想起當年自己的蠢樣。

上班第一天，柳大律師丟給我三個案件。

第一個案件是大家樂組頭的賭博案，三天後高院將開刑事審理庭（按：刑案最終辯論庭稱審理庭，民案稱言詞辯論庭），第二天中午前，我必須縝妥開庭要用的辯護意旨狀，下午就必須接見我的當事人。

我感到相當驚訝無措，竟無任何一個資深律師可以指導我。我連法庭內檢察官、辯護人和被告的相對位置都還搞不清楚，更遑論是法庭上的辯論程序，就得硬生生的鴨子上架。我緊急向其他律師求助，才發現八個律師都一樣，朱律師到職不滿四個月，卻已是事務所裡最資深的一個，我心涼了半截，難道這就是被知名雜誌評選為全國十大律師事務所？人多案多就叫大嗎？難道只有一大群猴子的動物園也堪稱為大動物園嗎？

第二天下午，我接見了我執業生涯的第一個當事人。

陳永和，新北市永和人，五十四歲。我永遠記得他的名字，當年，我看起來像他兒子。

陳永和一進門，精神奕奕，笑容滿面，手中提著兩籃水果禮盒，其中一盒是送給我的。我心裡有點虛，但我還是故作鎮定，矯作地寒暄，盡量的把自己偽裝成身經百戰的老律師。

「陳先生，你好，請坐。」

「謝謝大律師，這是一點小意思，不成敬意。」

「你太客氣了，謝謝！關於明天開庭的案件，一審判了七個月，除了原審的內容外，你還有沒有甚麼資料要提出或其他意見要告訴律師？」

資料和意見本都是律師的工作，提問這些都是不專業的蠢話，但我一時也不知如何是好。

「陳律師，你們所長柳大律師真是準，準得像神，他預測說一審會判七個月，真的就判七個月，實在太厲害了。」

「喔！是判斷不是預測，那二審呢？他又怎麼說？」

「是判斷還是預測，這個我不懂啦！你們才是專業，反正他說這種案子上訴二審就沒事了，當時他叫我兩審一起委任，還打八折只收我八萬塊而已，真是謝謝你們柳大律師。這回我真的是遇到貴人了。」

「喔！是這樣子嗎？……」

我有點吞吞吐吐的，心裡想著：提著錢還把鬼當貴人，這種事不是廟宇神棍才有的事嗎？本想直接告訴他實話，但是沒勇氣。

我不知道，一個缺乏道德勇氣的人又將如何成為一個好律師？

「我昨天已依你提供的戶籍謄本寫好了辯護狀，明天當庭庭呈法官，如果沒有別的事，那今天就先這樣，我們明天準時法庭外見。」

「謝謝律師，謝謝律師，請律師多多費心幫忙。」

離去時，陳永和頻頻向我九十度的彎腰鞠躬稱謝，看得出是個沒多少墨水的好人。利用敦厚的人性賺錢，這讓我難受。

下班後，柳律師進了事務所，大口啃著陳永和送來的蘋果，穿梭在每個受雇律師的辦公室間，一一交代所有菜鳥律師明天的工作。

我將另籃水果送給助理帶回家，因為我實在嚥不下。沒興致跟他多聊，逕自拎著我的〇〇七手提箱離開，到大街上繼續我的龐德夢。

二十六年了，我依稀還記得他大口啃咬蘋果那誇張油膩的嘴臉。

我提前半小時到庭，比當事人還早到，因為我怕坐錯了辯護人的位置。

這是我第一次穿上律師袍，在律師休息室內的整容鏡前，前後左右仔細的照了又照，真實得有點假，開庭前已是滿身大汗。

辯護時，我發現法官席上最右邊的陪席法官在打瞌睡，中間的審判長有些不耐煩，左邊的受命法官左手托腮在發呆，對面蒞庭的檢察官不停的在看著錶，整個法庭只有被告和我這個菜鳥律師最認真。

我知道，這件賭博案，只是他們每月幾十件案子裡的芝麻綠豆而已。

這齣戲，我只能演給被告一個人看。

「被告素行良好，沒有前科，且在歷次偵審中均已坦承犯行，顯有悛悔之意。再者，被告上有年邁高堂，下有嗷嗷待哺幼子，被告如因本案身繫囹圄，一家老小恐有斷炊之虞，祈請法官鑒察，撤銷原審不當之判決，另賜被告得以易科罰金或緩刑之寬典，以啟自新，是為德便。」

我為被告的辯護不到兩分鐘就已草草結束。因為除此之外，我覺得辯無可辯。這種死鳥案，讓向來自認上得了台面的我，一度因心虛而口吃。

庭後，送走當事人，我癱坐在律師休息室ㄇ字型的大沙發上，自我幻想著，剛剛不耐煩的審判長心裡一定冷冷的暗嘲著我：得了吧，菜鳥律師，誰家沒有老小，別再演了，哈哈……

我起身急走進廁所，用冷水連沖了好幾把臉，抬頭對鏡自問：你是誰？突然自覺一陣的噁感，只差點沒吐出來。

這是我律師生涯的第一場處女秀，就這樣地，碎了。

當晚，我一直對這個鳥案和這幾天的事耿耿於懷，夜不成眠，內心像是被一個骯髒的流浪漢強暴了一樣的難受，我決定找柳律師一談。

直到第二星期，柳律師才從澎湖當兵的單位回到事務所。

「柳律師，我想和你談談陳永和的案子。」

「學弟，有甚麼問題嗎？你說。」

「是這樣，陳永和告訴我說，你曾告訴他，這個案子上訴二審就沒事了。真的有這回事嗎？」

柳律師聞言立即停下手邊工作，嚴肅的斜瞟了我一眼。

「有，是我說的沒錯，有問題嗎？」

他說得相當的篤定而自信。

「柳律師，這幾年，為杜絕賭風，這種案子不都是全國統一政策性的判決嗎？」

「這不用你告訴我，我當然知道，除了極少數例外，其他一律都是要判刑七到八個月，也都要關進牢裡。」

「那，柳律師怎麼會這樣告訴陳永和？如果二審判下來後，那該怎麼辦？」

「等收到判決書再說，一切我會處理，你放心。」

「但是我們當律師的……」

「陳律師，質疑別人對自己沒有好處。你才剛執業，現在我就告訴你，大多數的人一輩子都不會上法院，就算上過法院的人，一輩子也不見得會碰上第二個官司，就算真的再碰上了，縱使你以前幫他辦過案子，當事人也不見得會再找你，這樣你懂了嗎？專心辦你的案子，不用管那麼多，判下來後我自然會處理。」

他顯得不耐煩，但話還是說得理不直而氣壯。

我啞口無言，悻悻然離去。

專業詭詐之徒，他玷汙了我的處女秀，我瞧不起他，至今。

過了一星期，每個律師都忙翻了，我卻沒有再分到任何新案。

我在想，為了一份工作，每個人到底該支付多少人生的世故？

我知道，我該走人了。

後來，陳永和的案件當然是駁回上訴，因為是簡易案件，所以全案二審定讞。其他律師告訴我，柳律師事後告訴當事人陳永和，是陳律師沒把案子辦好，他已經離職了。另外，是陳永和運氣不好，他的案子剛好分到全高等法院最難搞的法官。

我差點暈倒。

直到現在，我再也沒跟大律師打過招呼。

花了七萬五千元的治裝費，我領到了十七天兩萬八千元的薪水。短暫的來去之間，我，何其不幸，但又是何等的幸運。一個資深律師的紀念獎座，讓我回想起二十六年前自己的蠢樣。我笑了。

14 誰聰明

「當中央公園的湖面結冰，紐約的鴨子都去了哪裡？無論你們是誰，我一直都是依靠陌生人的善心而活。」

怪咖奇女子又出現了。

時間：每天黃昏。

地點：三重三和夜市。

當麇集的店家和攤位亮燈開市前，有一個女子，總是濃妝豔抹，衣著乾淨而時髦，左耳際別著一朵鮮黃的塑膠花，沿著夜市，用大而清亮的嗓音向兩邊商家和人群無厘頭的重複喊著這句話，像演舞台劇般，整個夜市都是她的舞台，有時一晚往來重複好幾回。

她的聲音時而清亮，好像是對著所有人發表演說。有時又像失了魂的站在原地，靜靜低著頭，低聲喃喃自語。有時也會抬頭望天，比手畫腳，像是在跟某人交談或問天，表情十分豐富。

一開始，引發眾人好奇，大家耳語地對她品論一番，但也有少數店家認為她只是一個失聰失能的精神病患，為了怕影響生意，對她投以不屑和敵意的眼光，甚至驅趕。

漸漸地，大家習慣了她的奇妝怪行。

偶爾會有人跟她攀談，問她為何總是重複那句話？那句話是打從哪兒來的？是甚麼意思？她總是笑容靦腆傻愣愣地說：我也不知道耶，就是喜歡，覺得很有意思，就把它記下來。我怕我會忘記，所以就每天一直唸一直唸。

她的態度有些怪異但卻很和善，從不妨礙別人做生意，在夜市附近一帶人緣頗佳。久而久之，所有人都已習慣了如何和她和平相處，甚至有店家或遊客偶爾會送她一些小東西，諸如布偶、梳子、髮夾、唇膏、耳墜子或麵包之類的小飾品小禮物。

她是這些年來三和夜市裡無人不識的大怪咖。

這個夜市超萌奇女子的本名叫姚冬梅，夜市裡大家都管她叫阿梅或小梅，今年已三十七歲了。

姚冬梅是家中老么，上面有兩個哥哥，從小在三重出生長大。姚冬梅身高一六二公分，細眉大眼，皮膚白皙，笑容可掬，是個不折不扣的小美人。高中以前都是學校裡的校花兼風雲人物，大學時期她還被當時的電視台挑選為校園十大美女，登上各大媒體雜誌，也上過幾次電視。

然而，就在她上過幾次電視綜藝節目，拍了一支不怎麼起眼的可樂果廣告後，姚冬梅禁不起鎂光燈的誘惑和經紀人的慫恿，在親友一片的反對聲浪中，毅然決定跨入演藝圈。

她休學了。那年，她只是一個剛升上大二的學生，正值人生最需要汲取養分的時候。

除了一張姣好的面貌外，姚冬梅歌藝平平，根本沒甚麼戲胞子，表演才藝也乏善可陳，只算是演藝圈裡典型的C咖小花瓶。在演藝圈，這樣的花瓶小模多如過江之鯽，一陣子後，誰也不會記得誰是誰，她們只能活在「總有一天自己將爆紅」的自我虛幻裡。

很快的，姚冬梅發現，演藝圈並不是像她想像中那麼簡單的一回事，除了本事外，更需要靠點運氣。她和大多數的小模一樣，終究只能汲飲著難繼三餐的青春飯。她自覺生活裡除了不確定的恐慌和不斷的埋怨外，甚麼都已不剩。她也深明，趁著年輕，靠著青春和一張臉，找個有錢人閃婚，是她唯一的出路。

即使才藝平庸，姚冬梅還是靠著姣好的臉蛋，閃嫁給高富帥的楊勇富。楊自稱是喝過洋墨水的富二代小開，是幾個月前姚在東區夜店認識的，朋友都盡叫他楊過，是個天生的多情種。

認識當晚，他們倆就一起回楊過的住處，他們倆很自然的發生了關係。

經過這一夜，證明了楊過一夜多次狼的夜店傳說，只是海誇一場。但姚冬梅不以為意，因為她明白，自己嘴裡談的是愛，心裡愛的卻是錢。

婚後不久，姚冬梅就發現楊過根本不是甚麼富二代小開，只是個某小企業老闆小三的兒子，在母親和元配論戰廝殺多年敗陣後，隨母避居海外，多年後再回鍋台灣，每月都是靠著父親私濟的五萬元度日，是個虛有其表的假小開，身上除了一把賤骨頭外，一無所有。

結婚不久，姚冬梅除了和楊過一起繼續沉淪為夜店裡的拉K搖頭一族外，其他一無所獲。不出一年光景，楊過就把姚冬梅晾在一旁，繼續他假小開的獵豔撿屍生活。

離婚後，姚冬梅積極想擺脫過往，幾次試著朝九晚五的簡單生活，但卻發現自己已經回不到過去了，最後她只能再繼續淪為綜藝節目裡的C級通告咖，靠著販賣名人的八卦餬口。

所幸，她意外的搭上了某劇場的副導，兩人都是梅開二度，誰也不欠誰，誰也不用感到抱歉。

副導外型粗獷厚實，是個不錯的依靠，雖圈子裡有很多關於他的謠傳，姚冬梅並不以為意。反正不檢點的女藝人跟妓女間，只是挑人和人挑的差別而已，其餘並無兩樣，她早有認知。

孰料，不到一個月光景，副導就原形畢露，是個暴力虐待的性變態。蠟燭皮鞭再也無法滿足他，只有鮮紅的血和肛交才能讓他達到性高潮。每一次，他都邊看色情影帶後，再模仿變態的面具男硬上走後門。在他的暴力下，她無處可逃，每次都讓她以為自己的肛門將要爆裂。每一次，她身上都會留下一道輕淺的刀痕，她跪哭哀求，他卻無動於衷，且更興奮更暴力的予取予求。

短短兩星期，她身上已留下三道輕淺的疤痕。

第四次，她再也無法忍受，狠狠的在他睪丸上留下一根三公分長鐵釘，然後飛奔到附近的派出所報案，身上只裹著內褲和睡袍，手掌上一攤血。

恢復單身後，姚冬梅搬回三重老家和二哥同住，母親和大哥同住基隆。

姚二哥一直是個光棍，是一家自助餐店的廚師。

老公寓有三房，一間出租給二哥友人，另一間較小，原本是儲藏間，二哥清理後讓出來給妹妹，並很快的為妹妹在住家附近餐廳找到一份端盤子的工作。儘管還是吃緊的生活，但起碼衣食無缺。

某天凌晨，姚家突然失火了，火勢十分猛烈。

消防隊不到半小時內就控制了火勢，但清查火場時發現，姚冬梅全身濕漉漉的呆坐在二樓的樓梯間，模樣十分淒慘狼狽，眼神空茫呆滯，口中喃喃自語，說一些沒人聽懂的話。

四樓大門還算完整，內部卻是面目全非，一片狼藉，包括姚二哥和他朋友，雙雙陳屍床上，已縮成兩具弓曲的焦屍。

鑑識小組在客廳沙發和桌上發現三瓶金門特高、三個酒杯和三個菜盤子。他們根據現場殘餘灰燼燃燒之程度、起火區域的牆灰剝落、床鋪及家具的燻痕、地板焚毀程度等情況證據研判，火流走勢是由房間內往外延燒。另再由疑為起火點房間內的電風扇及冷氣機並無明顯電線短路熔痕的跡證研判，姚二哥和他朋友的兩個房間床鋪，燃燒最嚴重也最完全，兩處同時均疑為起火點。

消防隊鑑識人員幾乎可以推斷，這是一場人為縱火所造成的火災。

警方一早即將唯一生還者姚冬梅約談到案。

姚冬梅坦承是她縱的火，但她堅稱是有人叫她縱火。

是誰教唆她縱火？

姚冬梅語焉不詳，支吾了老半天，始終無法具體回答警方的提問。

警方移訊後，檢方即以被告所犯為五年以上之重罪，且另有教唆共犯未到案，被告間有串證之虞，向法院聲押禁見獲准。

另外，檢方也查出，四年前姚二哥曾投保一千萬元意外險，受益人是姚冬梅和姚母兩人。

姚冬梅堅不吐實的教唆共犯是否就是姚母？還是僅其一人所為？檢方認有進一步查證的必要，於是將姚母以關係人身分傳喚到案。

姚母到案後大聲喊冤否認，且說案發時人住基隆，有不在場證明。已有好幾個月未與姚冬梅兄妹聯絡，並稱姚冬梅曾有就醫的精神病史。

檢方盡了所有調查之能事，仍無法找到姚母涉案的直接證據，且姚母通過測謊，檢方最後只能在起訴書上說明並認定，姚冬梅辯稱有人教唆的說詞，只是她個人犯後卸責的飾詞，不足採信。

很快的，檢方在訊問過姚冬梅兩次後，即迅以姚冬梅的自白筆錄及火災鑑定報告等證據資料為憑，將姚冬梅以刑法第二七一條第一項的殺人罪起訴，並認為姚冬梅犯後裝瘋賣傻，毫無悛悔之意，請求法官依法從重量刑。

起訴後，姚冬梅的母親委任我為她女兒辯護，並告訴我姚冬梅有精神障礙，曾由姚二哥陪同就醫，同時給我兩年前姚冬梅在另一次縱火案的法院判決書。

法院通知我，準備程序庭將於一個月後進行。

我先閱卷，仔細的記下所有的問題，再前往看守所律見姚冬梅。

律見時，隔著穿有許多小孔的透明壓克力視窗，姚冬梅兩眼呆滯，神情憔悴，我盡可能詳細的紀錄姚冬梅告訴我的所有細節。

由於姚冬梅的精神狀態不佳，經過三次律見後，我才能較了解案情的輪廓，掌握辯護的方向。

我詳列了一長串的證據調查聲請內容，附理由請求法院調取一些證物和傳喚幾個證人。

首先，我聲請法院向馬偕醫院調取被告歷次在該院就診之所有病歷資料，以資證明被告三年多來，患有嚴重的幻覺、幻聽及幻視的精神病史，且皆由其二哥偕同就醫。兩年前，被告即曾放火燒毀自宅樓下騎樓停放之機車，遭檢察官以公共危險罪起訴，最後法院判決被告無罪定讞，我請求法院調取該案全卷證物資料。

檢察官認為兩案應不可相提並論，況本案為攸關兩條人命之重案，縱被告曾有精神病史，但被告既已接受兩年以上之治療，或已痊癒，在犯罪行為時並無精神障礙之情形，請求法院將被告送請馬偕醫院以外的兩家教學醫院，另為精神鑑定。

前案只燒毀三輛機車，這次活活燒死兩個人，兩案在法律評價上當非可同日而語，嚴格的精神鑑定是必然的法定程序。

兩個月後，鑑定結果出爐。

很讓人失望，台大醫院認為個案並無幻覺、幻聽及幻視的精神疾病，榮總卻是做出恰恰相反的鑑定結果。

對辯護人而言，這個意外對案情的發展增添了無可預估變數，使整個案件變得更加棘手。

開庭時，法官詢問檢辯雙方對鑑定結果之意見。

檢方認為既然台大榮總兩醫院之鑑定意見相左，為杜爭議，建議法官再送請第三家教學醫院例如長庚醫院再一次為其鑑定。

我立即表明了反對意見。

我認為刑案事實真相的探求和法院的判決，雖可以醫學鑑定結果為參酌基礎，但不應取決於醫學鑑定的多數決。再者，設如送請第三家教學醫院鑑定之結果不利於被告，則被告勢將請求再鑑定，因而我諫請法官直接傳喚兩大醫院個案的鑑定醫師到庭作證說明。

法官停頓地思考了一下，頓時整個法庭裡鴉雀無聲。

「關於這個問題，就由合議庭三位法官商議後依職權定奪。」

律師在案情有利或無不利於當事人的情況下，應想盡辦法不再讓案件被推向不確定的死胡同。

審理期日，我在法庭外遇見兩位醫師，一老一少，該如何詰問，我心中已有定數。

交互詰問開始前，法庭內一片肅靜，這是一種讓人很不舒服的詭異氣氛。二十幾年來，我還是不習慣法庭上的這種安靜，像是暴風雨前窒息的寧靜。

突然，法庭內發出一個微弱的聲音——

「當中央公園的湖面結冰，紐約的鴨子都去了哪裡？無論你們是誰，我一直都是依靠陌生人的善心而活。」

每個人一陣錯愕，不約而同地轉向聲音來向。

「你不要一直問我啦，我又沒有去過中央公園，怎麼知道鴨子都去哪裡了？」

每個人都很確定，是被押解到庭的姚冬梅在說話。

她抬頭看著天花板，兩手在空中比劃揮舞著，口中細碎的喃喃自語，好像是在跟空氣對話。

關於詰問鑑定證人的順序，檢方沒意見，我請求先行主詰問榮總老醫師，獲得審判長同意。

「沈醫師，請問你是專任哪一科的醫師？」

「精神科。」

「請問你擔任精神科醫師幾年了？」

「二十四年了。」

「一直都在榮總嗎？」

「前三年在三軍醫院，在榮總二十一年。」

「根據你的專業鑑定，本案被告是否患有精神疾病？」

「有。」

「被告是罹患了哪方面的精神疾病？」

「被告有嚴重的幻覺上的精神疾病。一般幻覺可以細分為聽幻覺、視幻覺、觸幻覺和嗅幻覺等，個案罹患了幻聽和幻視兩種。」

「幻聽和幻視病人的特徵是甚麼？」

「病患會看到聽到我們一般人所看不到和聽不到的東西和聲音，病患通常會用多疑、猜忌、逃避、躲藏、驚慌、憤怒、傻笑、自言自語乃至於攻擊行為來回應他的幻覺，所以我們會經常看到病患莫名其妙的東奔西跑、大呼小叫、嬉笑怒罵地自言自語、雙手胡亂揮舞。事後問他時，他會回答看到蜘蛛、蟑螂或蛇等，所以才會大呼小叫，是因為有人罵他所以才會憤怒回罵。」

「那打人、殺人或縱火行為和聽幻視幻的關係又如何作解釋？」

「通常患者會先聽到一些講話或其他聲音，至於內容，可以事後問患者或依患者當下的反映動作判斷，例如嬉鬧、聊天或吵架。有時也會有較極端的情況，例如聽到有人或甚至於是鬼神之類的，告訴患者，有誰將會傷害他，甚至一再命令或逼迫患者自殘、自殺、打人、殺人或放火，這些都是導致患者會有各種怪異行徑的原因。雖然這對一般人來說，都相當不可思議，但對患者而言，卻是很自然的事。」

「一般醫學臨床上，都如何治療這類病患？」

「在醫學解釋上，幻覺是大腦神經傳導或調節失調所導致之結果，所以治療方式就是以抗精神病藥物來調節病患大腦神經傳導和代謝。」

「治療效果如何？再發率有多高？」

「抗精神病藥物的作用原理，是阻斷患者腦中多巴胺的接收器，通常要經過四到六週的時間，才能讓幻聽和妄想減輕或消失。在醫學文獻的臨床統計上，抗精神病藥物只有大約對七成的患者有療效，且在研究上顯示，一年內規則服藥的患者，再發病的比率約百分之十，而沒規則服藥者，再發病的比率則高達百分之七十。」

「你平均一個月看幾個像被告這樣的個診？」

「很多，嗯，少說每個月至少也有大約四百個。」

「榮總類似案例的鑑定都是由你執行嗎？本案被告是否由你鑑定？」

「是的，都是由我執行鑑定，包括本案案主。」

「你對鑑定結果有無認為需要修正或其他意見補充？」

「沒有。」

「你的意思是個案確有幻覺、幻聽及幻視的精神疾病？」

「是的，我確定。」

「謝謝沈醫師。」

「王醫師，請問你是專任哪一科的醫師？」

「精神科。」

「擔任精神科醫師幾年了？」

「快七年了。」

「一直都在台大醫院嗎？」

「是。」

「你平均一個月看幾個像被告這樣的診？」

「每個月大約一百五十個。」

「台大類似案例的鑑定都是由你執行嗎？」

「台大是由院內幾個精神科醫師輪流鑑定。」

「本案被告是否是由你鑑定？」

「是由我鑑定沒錯。」

「你認為精神鑑定是否能百分之百無誤？」

「雖不能保證百分之百無誤，但我們都憑專業盡力做到最準確的判斷。」

「你的意思是說本案你已盡力做到最準確的判斷，但不一定是百分之百無誤的判斷？」

檢察官提出異議。

不待法官裁決，我立即撤回我的提問。

有時候，辯護人必須隨機順勢提出不合法的提問，律師要的不是答案，目的是要法官聽到問題，因為問題的本身就是答案。但，有時候律師在法庭上，不能有過度浮誇的聰明或表現得計智無雙的狂放，至少不能讓坐在上面的人感覺到你比他聰明，否則你就是拿當事人的權益當賭注。某些情況，縱使你心裡已有了答案，你也應該只適合提出問題，把答案留給法官。

在有權力的聰明人面前，適當的笨巧才算聰明。

總之，法官喜歡的是老實人而不是聰明人。

我叫姚吳三妹，家住基隆，是被告姚冬梅的母親。

兩三年前，在我膝關節還沒惡化前，我經常到台北來看他們兄妹。晚上睡覺都和女兒一起擠在她的小房間，我常在半夜裡看到我女兒突然雙手在身上一直拍打，有時是在頭頂上揮舞，或是雙腳突然往旁邊跳開，然後大呼小叫的喊著「噁心！嚇死了！走開！」等之類的話。實際上，我根本沒看到任何東西，她卻說有看見蒼蠅在飛，有老鼠在跑，甚至是有蟑螂和小蟲在她身上爬。我向我二兒子說了，我兒子也告訴我，有次他下班回家，發現我女兒很大聲的在浴室和人說話，像是在吵架，一開始他以為她在講電話，後來他無意間從門縫裡看到她是叉著腰，對著掉在地上的肥皂自言自語的發脾氣，表情顯得驚慌和生氣。

起初，我以為我女兒是中邪了，所以就將她騙回基隆，到基隆我們家附近的關帝廟求神問卜，並請人幫她作法驅魔，前後做了兩次，但情況並未見改善。

後來我兒子說，有帶她去馬偕醫院看精神科醫生。

報告法官大人，我叫吳春桃，我是在三和夜市賣雞排的攤販。這兩三年來，姚冬梅幾乎每天黃昏五、六點就會出現在我們三和夜市，她每一次出現時，都會一直自言自語重複的講著同樣的一句話──「當中央公園的湖面結冰，紐約的鴨子都去了哪裡？無論你們是誰，我一直都是依靠陌生人的善心而活。」法官，這句話在我們三和夜市很流行，幾乎我們所有夜市裡的攤販都會背了。

有好幾次，我也曾看過她笑著對電線桿怒罵，說甚麼：「笨蛋，我才不跟你這個傻瓜爭辯，否則到最後就會讓人家分不清到底誰才是傻瓜。」反正她都經常做一些或說一些讓人感到莫名其妙的事。

一開始，夜市裡有很多人謠傳，說她是一個瘋子，也有人說她是被鬼神附身，還有人特地帶她一起去我們三重的萬善堂逼明牌。她人很和善，偶爾看我們忙不過來還會主動幫忙，在我們夜市裡，她的人緣算超好的，發生這種事，我們大家都很驚訝和遺憾。

除了吳春桃和她母親，我們還傳喚了幾個夜市店家和她馬偕的主治醫師，一起出庭為姚冬梅作證。

辯結後三星期宣判。一審法院最後援引刑法第十九條第一項規定：行為時因精神障礙或心智缺陷，致不能辨別其行為違法或欠缺依其辨識而行為之能力者，不罰。宣判被告姚冬梅無罪。

法官當庭裁定，姚冬梅責付由到庭聆判的姚母帶回。

兩個多月後的某個午后，姚冬梅來電，約我在二二八公園側門衡陽路旁的星巴克一起喝咖啡。

姚冬梅甫一出現，衣著打扮和神態都十分亮眼，和以往簡直天差地遠，判若兩人，我差點沒能認出。

「嗨！姚小姐妳好！好久不見。」

「律師好，前陣子謝謝律師的幫忙。」

「很意外，這個案子檢方並沒有上訴二審，這種情形很少見。」

「我知道。」

「喔！妳怎麼知道？」

「我打電話問過書記官了。」

「那妳就放心了。」

「嗯！謝謝律師。」

客套完，我們停下來啜了一口咖啡。

「姚小姐，我想我不知道能否問妳幾個問題？」

「律師你儘管問。官司結束了，我們現在應該可以變朋友了，不是嗎？」

「嗯！說得也是。」

她的禮貌和條理清晰的談吐讓我很驚訝。

「妳當時為何會幫妳哥哥投保一千萬意外險？」

「當時是我哥哥提議的，保險公司也是他找來的，而且不是我哥哥一個人保而已，是我們兩個同時保，同時在我們家客廳簽約，我們各保一千萬，我們彼此都是對方和媽媽的保險受益人。我沒錢，每期的保費全都是我哥哥繳的。」

「那你們領到保險金了嗎？」

「前陣子，在無罪確定後，我就和我媽媽一起領到了。」

「妳現在還常去三和夜市嗎？」

「沒有，不久前我就搬到天母了，想換個環境。」

「妳覺得妳哥哥生前對你好嗎？」

「我離婚後，都是靠他支助，除了兩件事情外，其他的他都對我很好。」

「是哪兩件事？」

姚冬梅緊閉薄唇，眉頭微皺，若有所思的猶豫了一下。

「對不起！如果不方便說，我們就聊別的好了。」

「律師，沒關係，官司都已經結束了，我直說無妨。大約三年多前的某天晚上，我們三個人一起在家喝酒，喝到十二點多時，他朋友提議再去卡拉ＯＫ續攤，出門時，我二哥突然叫我們先下去，他要如廁。下樓梯時，我走在前，他朋友啊的大叫一聲，突然跌倒，順勢非常用力的推撞我，我滾了兩圈，重摔到二樓的樓梯間，額頭著地，縫了二十幾針。我當時懷疑是他們故意設計的。」

說完，她撥了一下頭髮，讓我看一下那藏在右額頂髮際間的一道長疤。

「喔？他們、故意設計，怎麼說？」

「那時候，我和我二哥才剛保完險沒幾個月，而且，就在我們要出門前約一分鐘，他才剛上完廁所，哼！騙誰啊！」

姚小姐的語氣，顯露出些微猶存的憤怒和她對自己推論的滿滿自信。

「也許只是巧合而已，喝酒的人在上過第一次廁所後，就會很快的一直再上廁所，這點妳應該很清楚才是。」

「也許吧！我也希望是如此，但每個人的情緒都會跟著自己的直覺走。」

沉默半晌，我們各有所思。

「妳記得自己是在何時發病的嗎？」

「當然記得，就是從那次我縫了二十幾針後開始。」

我心中的某種疑惑突然加深。

「是因為受傷的關係嗎？」

「這我也不清楚。」

我仔細的觀察她的神情和語調，很平常。

「妳去過紐約的中央公園嗎？」

「沒有。」

「那妳以前經常講的那一句話是從哪來的？」

「我年輕時曾經演過電視劇，也拍過廣告。我曾夢想有一天自己會成為大明星，平常就很喜歡看影集，模仿劇中人物演戲，尤其是好萊塢的洋片。如果沒記錯的話，整句話分成兩段，前段應該是從電影《麥田捕手》摘取的，後段是從《慾望街車》影片裡的對白偷來的。」

「原來如此，那整句話是甚麼意思？」

「我也不算是很了解。我只是深刻的記得，在《麥田捕手》電影中，叛逆少年霍頓・考爾菲德（Holden Caulfield）被學校四度開除後，不敢回家，躲到紐約四處遊盪了兩晝夜，企圖逃離虛偽冰冷的成人世界，去尋求純真人生經歷與感受。而在《慾望街車》電影結束前一幕，女主角布蘭琪（Blanche，一九五一年電影版，費雯麗飾）在被她妹夫史坦利（Stanly，馬龍白蘭度飾）強暴後，後來變成了精神病患。最後她是被幾個偽裝成紳士的精神病院人員，用邀她去參加派對的名義，把她騙上了救護車，送進了精神療養院，臨上車前，她對來帶她的人講了這句經典名言。影片在布蘭琪到療養院門口回眸一望的那一刻，就定格結束了。」

姚冬梅的這番話讓我驚異不已。

「這兩部電影我看過，妳是否認為自己就像麥田捕手裡的叛逆少年霍頓或慾望街車裡那神經質的姐姐布蘭琪？」

「也不完全是，只是打從心裡的心疼他們的勇敢和遭遇而已。我一直在想，後來布蘭琪人生的結局到底是如何？沒人知道，也沒人關心。但我強烈的感覺到，這兩句話很吸引我。」

「妳最近病況好些了嗎？」

「官司結束後，似乎我人生的一切就都好了。」

「喔？這跟官司有什麼關係？」

「我不知道，不管愉不愉快，我想一切都已經落幕了。謝謝律師這段期間為我所做的一切。」

突然間，或許是她冷靜的語言和高傲的氣息吧！不知為甚麼，我心裡突然泛起一陣莫名的不舒服？

「姚冬梅，妳很健談，改天有空我們可以再找時間聊聊。」

「律師要走了嗎？」

「妳還有其他事要聊嗎？」

「律師，你忘了，關於我哥哥對我不好的另一件事。」

「喔！妳想談嗎？如果妳願意談，那我就洗耳恭聽了。」

其實，我的直覺讓我不想繼續。

「當然！這也是我今天來的主要目的之一，找個人把藏心鬧心的不快事都吐出來，我想我心理上會平衡些，何況律師是個不錯的聊天對象。」

「喔！真的嗎？那就請說吧。」

「我哥哥和他朋友經常下班後就一起在家喝酒，有時候我也會加入他們參一腳。有一次，我心情不好，喝了很多很醉，就先進房睡覺，不久，他朋友突然闖進來強壓在我身上，撕碎我的衣服，想要性侵我，我奮力抵抗，大聲的向我二哥呼救，在我死命哭喊掙扎過程中，我意外隱約地發現，我二哥已褪下了自己的衣褲，站在一旁的牆角自慰呻吟著。而同樣的事，在案發當晚再度發生了。」

我一臉錯愕。

過了許久，我還是忍不住的直接開口問了。

「那晚，妳是……？是妳故意縱火的？」

我眼神直盯著姚冬梅，急需聽她親口給一個答案。

「律師，不如這樣說，是那天我的病可能剛好又發作了。」

「是這樣嗎？」

我本能反射，直接斬釘截鐵地質問她。

「律師，請別驚訝，你換個角度想，也許現在我跟你講的話，也只是我的精神幻覺又一次的病發了。」

「喔！是嗎？如果妳是故意病發，那和故意縱火有何差別？姚小姐，我希望聽妳親口告訴我，到底事實真相究竟是如何？」

姚冬梅嘴角掛著清淺的詭笑，緩緩起身，順手撩起她掛在椅背上的水餃包準備離去：「律師，再次的謝謝你。我想，當我決定自甘墮落的那一天起，我就遠比任何人更聰明，包括醫師和法官。」

目送姚冬梅漸漸消失的背影，我心中一凜：也包括我吧？還是我幻聽了？

15 教化之可能

凜冬寒夜，突然一聲轟然巨響，一團吞天的火球，瞬時燃亮了桃園觀音鄉一處臨海的荒蕪小徑，慘烈的嘶嚎聲劃破夜空……

哀號聲漸淡漸遠，漸遠漸淡……，最後，一切回復原有的寂靜。

一個二十七歲的年輕生命，也在寂靜中貼上了感嘆的休止符。

蔡永彬是桃園、中壢一帶的檳榔中盤商，林火旺夫妻是他的大客戶之一。

林火旺夫妻在中壢環北路底所經營的檳榔攤位頗具規模，是棟早期的舊建築，二樓住家一樓店面。檳榔攤二十四小時營業，經常有裝扮時髦又怪異的青少年男女成群穿梭店內。

林的檳榔攤生意頗佳，收入不菲，卻總是藉口蔡永彬送來的檳榔斤兩短少，是故意灌水，於是先後積欠半年貨款不付，金額達二十幾萬元。蔡永彬多次送貨時想順便收款，卻只能空手而回，於是他做了一個決定，斷貨。

有天晚上六點多，蔡永彬接獲林火旺電話通知，請他晚上九點準時送貨到檳榔攤，順便結清款項。

原本對這筆欠款已不抱任何希望，蔡永彬有點喜出望外。出門前，將剛滿兩歲的小女兒高高抱起：「拔拔去賺錢，明天帶芽芽去買新衣服新玩具。來，親一個。這邊也一個。芽芽好乖。」

蔡永彬順路邀死黨好友黃宗義一同驅車前往。

一進店內，發現滿地的酒瓶、垃圾和一群嘻笑打鬧的少男少女。

一見蔡某二人，青少年立刻安靜起身，個個神情警戒。林火旺斜睨蔡某，不發一語，滿臉通紅和猙獰。

蔡永彬驚覺氣氛詭異：「你們慢慢喝慢慢聊，我改天再來好了。」語畢將轉身之際，鐵門已被小弟拉下，幾個年輕人已擋住了去路。

林火旺斜嘴叼著菸：「姓蔡的，很高興今天你能撥空來和我結帳，來光臨我們這個被你拒往的檳榔攤。我老婆說你送來的檳榔斤兩常灌水，還三番兩次嘴賤調戲我老婆，這筆帳我們今天也算一算。這樣好了，算你便宜點，調戲一次算你二十萬，總共五次，扣掉貨款二十萬，你還得付我八十萬，這樣如何？」

蔡永彬盛怒，一個箭步衝向林火旺，想和他理論，但沒兩步，身後的球棒和齊眉棍已重重捶落在他的腰、背和大腿上，上前幫忙的友人也挨了一記，雙雙癱倒在地上。

「林火旺，有種你今天就讓我死，否則明天死的就是你。」

這句話注定了故事的結局。

林火旺聞言，順手抽出桌下預藏的開山刀，狠準地一刀砍落，斷了蔡永彬的右腳筋。再晃首使個眼色，眾小弟隨即七手八腳，用寬版銀色膠帶將兩人手腳綑綁，封口遮眼，將蔡永彬丟進蔡所開來的自小客後車廂，將黃宗義押上右前座。

「大家聽好，就照昨晚的約定，我們老地方見。」林火旺講完話，一夥人分乘三部車，從容冷靜地向西慢行。

約莫四十分鐘後，兩輛車停在觀音鄉濱海荒郊一處人煙罕至的空地。

林某等一群人下車討論著。

寒夜濱海的荒郊野徑更顯淒涼。

黃宗義頓時泛起不祥之兆，即刻利用膝蓋將被遮住的雙眼推出一點縫隙，雙手雙腳則奮力撐開膠帶。

沒幾分鐘的時間，第三輛車抵達了。

再一陣雜碎討論聲後，黃宗義隨即聽到圈繞車子的淋水聲，瞬間，一陣刺鼻的汽油味撲鼻而來。他立即側身用手打開車門，拔腿狂奔，詎料卻遭側面飛砍而來的西瓜刀橫掃頸側，血流如注，黃宗義還是飛身亡奔。眼見奪命追魂刀即將再次砍落，黃宗義縱身奮力一躍，滾落數丈深的大水圳。此時，背後突來一聲轟然巨響，焰火直竄天際，將濱海寧靜的暗夜染得通紅，吞噬整個荒涼。追兵一陣驚愕，料想將會驚動鄰近居民，只好立即收兵，逃離現場。

這聲轟天巨響，吞滅一個生命，同時也拯救了另一條生命。

黃宗義躲過死劫，但頸項上留下一道又深又長的疤痕，蔡永彬則化為一具模糊難辨的弓形焦屍，兩者都是死神造訪的印記。

走進事務所，蔡妻雙眸紅腫無神，形容憔悴枯槁。

她左手牽著兩歲女兒，右手環抱著剛滿三個月大的兒子。

小女兒拉著媽媽的衣角，跳鬧地問：「拔拔說要帶我去買新衣服和新玩具的，怎麼這麼久都還沒回來？拔拔騙人……。」

蔡妻神情木然，沒回應，微低著頭，不爭氣的雙眼掛著斗大淚珠。

這一幕，令人鼻酸。我靜靜等待蔡妻梳理情緒。

過了許久，蔡妻終於開口，聲音哽咽沙啞、斷斷續續，且因過度濃厚的情緒而語焉不詳。

我請陪同而來的黃宗義幫忙敘述案件的來龍去脈，並說明委請律師的目的。

蔡妻最後冷冷地接了一句話：「我要他被判死刑！」

要被告判死？這雖然是一件死刑案，但在這個廢死聲浪高漲沸騰的年代，我不認為自己一定能辦到。但這是義務案件，不好推辭。

通常碰到這類案件，律師的首要之務，就是依據犯罪被害人補償條例的規定，檢附相關資料，幫助家屬向地檢署聲請死亡及喪葬費等補償。接下來是代理與犯嫌或其家屬協商賠償事宜。最後才是依照當事人之意，讓法官對主嫌依法訴究嚴辦，判處極刑。因為這類死案，最終法院裁判死刑無期或其他，告訴代理律師並無太多著墨餘地。

由於蔡妻堅拒和解協商，所以讓主嫌林火旺判處極刑，就成了代理律師最大的任務。平常，如果委託人沒有給律師適當的訴訟空間，我都會斷然拒絕委任，但是面對沒有酬勞的義助案件，實難推辭。

相較於一般案件，本案主嫌判死的可能性相當高，因為本案屬預謀性犯案，且將被害人綑綁於後車廂後再淋汽油活活燒死，又另涉一個殺人未遂罪，手段極其兇殘，已臻泯滅人性的程度，實有與世永遠隔離之必要。尤甚者，殺人共犯中有八個未滿十八歲的未成年男女，依少年事件處理法第八十五條規定：「成年人教唆、幫助或利用未成年人犯罪，或與之共犯者，加重其刑二分之一。」

只是，這是一個高倡廢死的年代。不論從宗教、憲政理論、法院誤判或是生命之不可重複性的角度立論，「非顯無教化可能性」成了司法流行語，判死儼然成為多數法官不可不願碰觸的禁忌，依法判死，也將成為千古罪人。

生命，有時重得任何人都舉不起，有時卻輕得經不起一口氣。

反對廢死仍是輿論多數。然，仍有一群人，自認是人類社會進化的先驅，先驅者總是歷史滾輪裡寂寞的孤獨者。但，人類歷史演進滾輪中，是否也不乏自命清高的酸儒呢？

檢察官很快就起訴了十一名被告。

主嫌林火旺和兩名成年被告，遭檢方具體求處死刑和無期徒刑。

開庭時，被告方總共委請了十六位辯護律師（按：依刑事訴訟法每名被告最多可以委任三位辯護律師）。主嫌林火旺委請了辦理刑案鼎鼎有名的顧姓、張姓和游姓三位金牌大律師。

三位大律師在審理庭時，提出了下列辯護意旨為主嫌辯護：

> 自古以來，隨著人類文明的演進，刑罰的終極目的，已從舊有的應報思想觀念，轉化為矯正教化功能，亦即，對於犯人的教化矯治可能應優先於死刑應報之考量，強調同害之原始應報思想，早已不合時宜。且在無期徒刑中也隱含著，如果受刑人教化不完成無可能時，就得與現實社會永久隔離，而死刑乃以剝奪犯罪行為人生命結束，作為與社會永久隔離之應報手段，兩者之間，並無扞格和衝突。
>
> 生命的本質在於包容與寬恕。包括法官在內，我們都是人，而非神，凡人，都會犯錯，也都無以決定別人的生與死。
>
> 本案被告年輕識淺，因死者調戲人妻，且與死者有檳榔貨款灌水糾紛之故，導致其理智在一時盛怒下遭受蒙蔽而犯下無可饒恕的滔天重罪。然，被告

並無前科紀錄，平日與人皆能和睦相處，毫無暴戾乖行前科，素行堪稱良好，侍奉雙親至孝，且事後亦毫無推諉地坦承一切犯行，並向被害人家屬致歉，確有實質悛悔之意，毫無文過飾非之心態，顯然非完全無矯正教化之期待可能，祈請鈞院諒察，賜與被告免於極刑之判決，是為德便。

最終結果，一審法院判決主嫌林火旺無期徒刑。

判決採用辯護律師之說，認被告「非顯然完全無矯正教化之合理期待可能性」。判決結果雖非出我意料，唯所憑藉引據的理由中，卻有一項令人匪夷所思。法院調取被告國中及小學的成績單，證明並認定被告成績優異、品行優良、級任導師評語頗佳，非顯然完全無矯正教化之合理期待可能。

這是一個令人映眼礙心的理由。

成績好犯罪就不該死不該重判？那麼，成績不好就該死該重判嗎？孔子曾說：「不教而殺謂之虐。」如果一個人教了、學了、功課又好，卻還使壞，那是否比未教、未學或成績不好的人更罪無可赦？

蔡妻對於法院判決結果甚表不滿，認為被告如此毫無人性的殺人殘虐惡行，卻能免於一死，且在若干年後就能假釋出獄，回歸社會。這樣的判決對家屬而言，誠屬二度傷害，是不公不義的判決，堅決聲請上訴到底。

死刑、無期徒刑的案件，在刑事訴訟程序上屬於當然上訴案件。而所謂「當然上訴」，就是法院就其判決死刑或無期徒刑之案件，不待被告或檢察官聲請上訴，在判決後即應主動將案件移送上級法院審判，所以本案當然一定上訴。

只是，這樁案件歷經兩年審理，最終還是判處被告無期徒刑定讞。

是否有教化之可能？那是對於犯人將來行為的一種預測。我常在內心忖度著：預測是否就像算命？這年頭，法官也得兼算命？如果我是法官，我是否會做出不一樣的判決？教化功能的刑事目的是否完全符合公義和人性？廢死是人類進化至高無上的正義，抑或只是某些人自鳴得意的高調？永不得假釋的終生監禁，是否是一種比一槍斃命更折磨的懲罰？

我想，如果刑法無期徒刑二十五年的假釋門檻不修正，廢死永遠只能在教化理想和人性應報的思想間拔河。

至於信仰，有人說，信仰始終只是人類自己編造的一個大騙局。

16 謊言

一生很短，短得還來不及享受瑰麗風華，就已隻身遲暮。

他母親的告別式在第二殯儀館安樂廳，到場弔唁的親友不多。現場布置的場景跟其他一般的靈堂大同小異，反正都是相同的花卉盆栽搬來運去的，每朵花每星期所送走的人，肯定比花瓣還要多。

她的遺照依然笑容可掬，雖無華貴襯飾，卻透著一股讓人無法忽視的雍容，典雅而貴氣，但我隱約看得見她背後的坎坷和辛酸。

儀式開始前，他一直跪在母親的靈前痛哭，哭聲淒厲。

一個大男生，這樣誇張的哭嚎，或有人百思不解，但我能領略一二。我知道，他母親走了，那將是他心頭上一道永恆的疤痕，然對眼前這個哭喪的逆子，我並沒有絲毫的悲憫之情，甚至有股不文明的衝動，想拿起他母親生前所用的那把枴杖重賞他幾杖。

那天，是他母親第一次帶他到事務所來，當時他只是一個大四的學生。

「兒子，把三重分局寄來的到案通知書拿過來給律師。」

「小敏啊，我在寶慶路遠百啦，我帶我媽來逛百貨公司，晚點再給妳電話，掰掰！」一旁對女友撒謊的他立刻掛了電話，坐到我面前，從口袋拿出警方的通知書，通知書已縐得像是揉過的紙團。

「麻煩你關機，如果讓我再聽到手機鈴響，那就請你離開。還有，把通知書摺好弄平。如果你的態度是這樣，那我跟你媽又何必在乎？」

「對不起！」他神情有點慌張，趕緊把通知書弄好，偷瞄了我一眼。

「到底發生了甚麼事，你要老老實實地跟律師說，律師才知道如何幫你。」

張忠霖，二十二歲，兩個月前某天晚上，他在電腦聊天室認識桃園龍潭的某國三女學生小芳和小梅。第二天他就到校門口將她們載到台北西門町。當晚，三人一起夜宿小賓館，兩個小女生就將人生的初夜給了他。第二天，他各給她們一千元零用金。

徒步區內群聚比鄰的電影院、餐飲店、潮牌服裝飾品店、刺青店、街頭藝人表演、紅樓特區、琳瑯閃爍的招牌和霓虹，西門町到處充滿了年輕進化的元素，對初來乍到的小芳和小梅，有種致命的魔力。

沒幾天，張忠霖身上的錢已花光，就建議她們倆到網咖上網援交，他還教她們網上釣客的技巧，他自己也喬裝她們的身分上網幫她們釣客接客。每次援交所得三千元，她們全部交給他保管，做為他們吃喝玩樂和住宿的費用，直到她們為警查獲時，他們三人已在西門町足足混了快兩個月。

「如果你沒有前科，非累犯，這類妨害性自主的案件，通常只有兩種結果，一是判刑去關，二是和解緩刑。」我不假辭色，直截了當的告訴他結論。

「可是律師，她們都是自願的，我並沒有強迫她們。這樣還真的要關嗎？」一聽到要關，他立刻害怕嚴肅起來，開始辯解和提問。

「刑法為了保護十六歲以下之未成年人，只要與未滿十六歲之男女為性交者，縱使得其同意，法律上仍構成準強制性交罪。還有，你幫她們釣客援交收錢部分，還涉及圖利媒介未成年性交之問題。我不清楚兩個小女生向警方供述的內容如何，也不知道警方要辦的範圍到底有多廣，如果問題嚴重的話，搞不好連緩刑的機會都沒有。」

「啊！這麼嚴重啊，我以為……，律師，我們願意賠錢和解。」說完，他轉頭看著他媽媽，眼神發出了求救的訊息，然後低下頭去。

他母親提起拐杖順勢敲了他的背：「書不好好念，一天到晚只知道惹麻煩，你父親不在了就管不動你，我看你拿甚麼賠給人家。」

沉默了許久，老母親眼眶泛著淚光，張忠霖依然低頭不語，是害怕還是後悔，我無法猜讀。經常，惹事的孩子都一樣，闖禍了就一臉無辜，沉默假裝後悔，等待心軟的父母伸出援手解決問題。俟問題解決了，過些日子後，問題又來了，週而復始。

「律師，要賠多少錢？太多的話，我恐怕沒那個能力。」老母親邊拭淚邊問。

「這要看對方願不願和解，如果願意的話，這案子有兩個被害人，賠償金額恐怕不會太少，如果經濟上真沒辦法的話，那就只好去關了，反正既然不聽妳的管教，那就讓國家來幫妳。」我向張媽媽點頭示意，故意講了這些重話。

張忠霖立刻抬起羞赧的臉：「請問律師，這會判多久？」

「三年左右吧！如果我是法官的話。」

開庭前一小時，法官先排了調解庭。

新北法院的調解室很寬敞，小女生的父母都來了，兩個母親顯然彼此認識，坐在遠處的沙發邊聊邊擦著眼淚。兩個父親都很年輕，健壯而黝黑，看得出是一般的勞工階層，板著臉坐我對面，不發一語。

調解員簡單寒暄之後，請少女的父親先表示意見。

小梅父親：「這個畜生。我女兒只是個國三十五歲的小女生，他就這樣毀了她一生，還害我們沒臉做人，如果沒有一百萬我絕不和解。」

小芳父親：「我不是來賣女兒的，多少錢我都不和解，我要讓他去關。」

聽完兩個家長的意見後，場面顯得有些尷尬。

通常調解這種案件，跟車禍和解一樣，初見面時，首要的就是讓被害者家屬有個情緒的出口。

我本能的嗅覺到，本案非必然無和解之可能。

「我先就此案代被告張忠霖轉達他萬分的歉意，被告已向法院坦承錯誤和犯行，他不敢奢望你們家屬的原諒，如果最後必須被關，那也是他咎由自取，怨不得別人。但遺憾已經發生了，讓被告去坐牢而被害人得不到任何實質上的賠償和彌補，也非必然是最好的結局。今天是大家第一次見面，想必不會這麼快就會有結果。這樣吧！你們回去考慮考慮，其他的我們就改天再談。」

紛爭的調解和談判，向來就是一門藝術。會念書、會考試或可當上法官和律師，但律師法官優劣良窳，談判調停能力是相當重要的關鍵，而如何讓遺憾發生後不再走向遺憾的結局，這並非用功念書所能學得。律師面對調解案件，過度強調法律上的優勢往往會讓紛爭失去最後的圓滿。

張媽媽把購物袋擺在我桌上，裡面是六十萬現金和一本存摺。她從銀行領了五十萬，再將她多年私累的黃金首飾拿去銀樓變賣，湊得另外的十萬元，存摺裡的存款餘額僅剩六千多元。

「律師，一切就靠你了。我能籌到的就這麼多，那些首飾是我先生生前每年送我的結婚紀念禮物，沒想到我先生才走沒幾年，我現在竟連這些也留不住了。」

她以手絹頻頻拭淚，我替她感到心酸。

我請法官給我一點時間和家屬談和解，但我們沒有再上法院調解，只私下打了幾通電話給少女父母。最後我把少女和被告在電腦聊天室聊天的內容列印寄給她們父母。同時附上兩張各三十萬元的銀行支票和和解書影本供他們參考。

張忠霖當晚和兩個少女聊了三個多小時，從第二小時起，他們竟然就彼此以老公老婆相互稱呼了，內容曖昧鹹溼的程度，超乎我們大人所能想像的尺度。

我自覺真的老了，事隔多年後，我依然難以理解這世代年輕人的想法。

我不知道少女的父母將如何看待這一切，但我想讓他們清楚，當不幸發生時，孩子是受害者但同時也是始作俑者。一味的譴責別人並無法救贖自己的孩子。如果沒有自己荒唐至極的愚蠢，就無以成就別人的聰明和邪惡。

在法院，法官向來是最寬貸學生的。我們就在法官結案前達成了和解。最終張忠霖被判處有期徒刑兩年，緩刑五年。

孩子得救了，一個母親的人生誰來救？

官司結束短短不到一年，我再次接到張忠霖母親的電話，張忠霖再次犯案了，在賓館內迷姦未成年少女。這不幸的故事也是從電腦聊天室開始，是個剛滿十八歲的高三畢業生。

我告訴張媽媽，這次我真愛莫能助了。

我勸她，也許當母親不必要太偉大，孩子才會更成長。改變不了的事實就試著從心裡說服自己吧！

她在電話那頭哭得聲嘶力竭，根本聽不下我任何的勸慰。

第二天一進辦公室，我就赫見一個雙眼紅腫的母親，和一個低頭呆坐的兒子。

「張忠霖，你到底是怎麼了？你知道後果會有多麼嚴重嗎？」我搖頭嘆息。

他一直低著頭，沒說半句話。

「之前我就曾告誡過你，再犯就別來找我，現在就算神仙也救不了你了。只要檢方認為你犯行明確，檢察官就會向法院聲請撤銷你的緩刑，最終你就得前案加新案，合併執行去關了。你們回去吧！別浪費時間也別浪費金錢了。很抱歉！」

我聽見張忠霖掩面的抽泣聲，說話哽咽不清：「律師，對不起！」

「你是對不起你媽，對不起你自己。你的眼淚遲到了。」

「律師，你一定要救救我兒子，是我的錯，是我沒把他教好。」

我察覺到張媽媽說話時臉上掠過的一抹隱痛。

「上次好不容易從鬼門關把他救回來了，這次是他自己找死。張媽媽，很抱歉！沒人救得了找死的人。」

「律師，能再和解嗎？我弟弟已經答應借給我一百萬，一百萬夠不夠？不夠的話我會再想辦法。請你一定要幫忙，一定要幫忙，除了這個兒子，我現在甚麼都沒有了。」說完，張媽媽哭趴在桌子上。

一陣長得令人窒息的沉默。

我很同情也能理解她為母的心情，但我心想，如果孩子出事了，為人父母的總是想用金錢來彌補一切，終歸還是只有失敗一途。某些時候，父母的金錢是醫療孩子過錯最差的處方。

張媽媽緩緩抬起頭來，雙手巍顫顫地交遞給我一張她在台大醫院的診斷證明書——肺腺癌末期。

這突來的狀況令我驚訝不已，也十分同情她堪憐的處境，一時語塞。短暫的沉默後，腦中瞬間突然出現一個閃念，我試著壓抑住情緒：「張媽媽，我答應妳，我一定盡力。也許還有機會。」

為了安慰一個癌末的老母親，我，說謊了。

後來，我要求張忠霖去就醫，醫評結果不出我所料，張忠霖罹患了少見的「性強迫症」。

強迫症是指患者不斷的重複某種特定行為，性強迫症是強迫症的一種，屬於一種精神上的疾病。它無關乎性伴侶或性愛次數的多寡，而是性愛行為成為患者的生活中心。

患者因為不斷的慾望和不斷的自我壓抑而致使心理產生巨大衝擊和矛盾，進而對個人生活產生嚴重的影響而帶來莫大的痛苦。

他的血液中彷彿有一股邪惡的基因，白天安然的沉睡，卻在黑夜裡頻頻翻騰。雖然醫學界對於性強迫症早已多所研究，也普遍承認其存在，然因涉及隱私及個人性慾程度上的差異性，所以遲遲未被世衛組織正式認定記載為強迫症之一種病症（按：世衛組織於二〇一八年才正式列載），所以診斷證明並不被法院採納列證，對案件並無實質上的幫助。

最後，我只能將被告母癌末及來日無多的病況陳報法院，並致電懇請受命法官體諒和幫忙，再用律師銜庭、出國、聲請傳喚證人和調取證物等程序上之方法拖延訴訟，希望在張母有生之年法院能暫緩審結本案。

七個月後，張媽媽走了，年壽難求，徒留牽掛。臨終前，她還再三拜託和感謝我這個說謊的律師。

張忠霖最終以加重強制性交罪，被判處有期徒刑四年六月，現仍在監服刑中。他，只是二十幾歲青澀的年紀，穿不透色戒森林，只能在昏暗窄仄的牢房中，蜷縮在冰冷的牢榻上，聽自己的青春一片片剝落的迴聲。

謹以本書悼念
二〇一三年十月十九日辭世的恩師
——**莊勇夫老師**

依然朗讀

我們相逢，遠在一九七七年的初夏，轉瞬間，歲月已蒼老得不可理喻。
四十年來，我們情感的邊境裡始終流轉著深刻的刀鑿和銘心的淺味。
多麼希望，這回，也只是一個倔強老人一次任性的遠遊。
如今，一切都已煙化成回憶裡一抹難抑的心酸。

每個人每個年代的成長，或多或少，都伴隨著些許歲月裡無知的幸運。
那年，我國小畢業，在大哥心思費盡的安排下，我倉皇逃離了家鄉那片窮荒僻壤，負笈「正心」，繼續了我的中學生涯。正心六年，滿載我人生裡最瑰麗難忘的回憶。
我編進了初一身，身班是男生最後一班（正心誠意修身）。
我曾懷疑我們身班是放牛班。
您說，有頭的人未必有腦。正心從沒放牛班。還諷誇我是頭會質疑的優質牛。
那些年，我始終掛著年少多愁的憂鬱。
您說，人生不滿百，何懷千歲憂。

那些年，我好勝而敏感。

您說，那是防衛自卑心理的假堅強和真脆弱。

考完大學，我猶豫在警大和東吳法律間兩難。

您說，世界何其寬廣，何不讓人生有更多選擇的色彩。

同年嚴冬，在古坑華山露營的山野之巔，您把暗藏多年某小女生寫給我的多封情書還給我。

大學畢業，您問我是否出國留學？想，就該放膽勇敢的去逐夢。有困難儘管說，以後就把老師家當成是你另一個家。

這是我無意間從記憶中早已風化的沙城裡隨意撈起的幾許殘片。都已是數十年的前塵微事了，一切已遙遠荒蕪得有點陌生，如今，卻陌生得如此割心，深刻得如此感動，掛懷如昨。

並非我執意顧念舊事，是您讓一段段往事不斷的侵襲追捕著我。

當年，我只算得上是個半好不壞的普通學生，彷如早春荒原上一株覆霜寒瑟的稚嫩芽草。遇上您，我的人生，宛如破繭的蛹和落籜的筍。導師三年，一隻羔羊的生命就這樣突然被點亮了。您牧人之術，別有一絕。

您我正心相逢，是我命運中一個瞅望的偶然，一個無知的幸運，一段永難忘懷的啟迪與感激。

我們之間，該如何盡數點滴？您知道，我數學向來不好，所幸，人生中那屬於我們之間的，從來不必複雜的計算。如今，每當回味起那個年代，我都滿心充盈著某種快樂和幸福的心酸。

何其幸，人生的轉彎處，有您。

十月十六日午。

師母來電告知，您肺腺癌末，插管在雲林署醫加護病房，聲音哽咽顫抖。

掛上電話，心中驚疑，教師節我們還聊得很開心，您們中秋節宅配快遞來的那箱斗六文旦，還大半油亮亮的躺在廚房一角，怎會這樣突然？

定神後，悲傷，就這樣無聲無息地來了。

開完庭，直接驅車上中和交流道。

沿途，心急路遙，心緒濁亂。我害怕，怕沒能見到您最後一面，也怕這是我們人生的最後一面。我知道，您說過最討厭男人的眼淚，一路上不斷的告誡自己。怎奈，一想起您那張臉，一股莫名的心酸不能抑止，幾度，雙眼模糊了前方的路。

到了醫院，一見師母，原即消瘦的身影更加單薄清瘦。霜白的髮散，枯瘦的臉顫然，木然咧著嘴，顯示了她無言而黝深的哀慟。

一進加護病房，您，癱縮病榻，病容慘白，從生命的入口到出口，全身上下滿布大大小小的醫管，濁黃的眼球似轉非轉，雙腳不自主的微顫。我只能從電腦螢幕上跳動的數字和冰冷的曲線，才確認您依然還活著。嘴裡那根如蛇般的節軟管，規律地輸送著您的偽呼吸，延續著您的偽生命，卻也吞噬了您向來倔強固執的尊嚴。

這一幕，怎堪？

握起您已毫無反應的手，輕推著您額頂上的髮際，好想再一次清清楚楚的把您的容顏端詳仔細，永不褪色的刻放在心裡。怎奈，泛淚的眼早已逸散映糊了您的臉。

「老公，金漢來看你了，你知道嗎？」是泣立一旁師母的聲音把我點醒。

您吃力地蠕點著頭，斗大的淚水沿著斑皺的臉龐滑落。

再也忍不住，我的淚，肆無忌憚地洶湧而下，崩泣在您微溫的手心，斷斷續續地說著哽咽不清的話語。

「老師，我是金漢，聽得到我的話嗎？」

您吃力的點點頭。

「老師，一定要堅持！要加油！」

文風不應。

是太累了吧，累得想放棄了，如此不堪的折磨，也許走了，遠比活著幸福。

「老師，要記得，您永遠是我心目中最好的老師。」

您再次微點著頭。

我四顧張望著每個白袍穿梭的醫護，卻只能像默片停格般，咧嘴無聲地悲泣著。花著一張臉，拚命地想說些我們之間未曾說過、也即將來不及再說的話。

「老師，如果您願意，我叫您一聲爸爸好嗎？我愛您，我真的好愛您……。」

生命裡，我們都有著某種難以言喻的遺憾，希望從此，我們都不再是個缺角的太陽。

您用力的連點了好幾次頭，舌尖在節軟管旁奮力的蠕動著，似乎要對我說些甚麼，卻連一句一字也不能。

老師，您什麼都不必說，我聽得見，那些屬於我們之間早已失去聲音文字的語言，聲聲都入耳，字字都縈心。這些年來，縱使閉上雙眼，我們都可以把彼此讀得清清楚楚，不是嗎？

身影轉，訣別淚，是滴落在心頭永遠的痛。

走出病房，顧不得等候室來來往往的人群，大男人再次光明正大的放聲啜泣起來。師母緊擁我入懷，輕輕拍背安慰著我：「不要哭了，老師不喜歡看到我們哭，這樣會使他更傷心、更不捨。你自己身體也不好，要保重。」

傷心人安慰傷心人，總是更傷心。

其實，我也不想哭的，只是心頭那股翻湧的心酸難抑，也只是想讓淚水靜靜的說出它想傾訴的話，請原諒我自私的脆弱。

老師，我從不隱藏淚水與脆弱。人生幾多悲歡離合，再堅強的人，也總是得學會如何和淚水和平相處。這點我們師生不同，如果您不喜歡眼淚，那就該好起來，好起來再次的教誨我，教我該如何在這般不堪的淒景中學會堅強，學會拒絕懦弱和眼淚。

多麼盼望，盼望能回到從前，回到當年正心講台下那一回回的仰望和教誨。

老師，請記得，這是您欠我的一堂課。

緩緩的抬起頭，驚見師母哀傷紅腫的雙眸。在不容軟弱的堅強背後，這一刻，又該如何說明她那破碎的心呢？

十月十九日星期六。

一早，連撥了好幾通電話，沒人接，心裡泛起了不祥之兆，急向安助同學求助，經他探求後確認，您，走了，在凌晨靜悄的半夜時分。

晚上七點多，聯絡上師母，電話那頭，沒有哭泣和哽咽，聲音乾癟而微弱。是乾了吧，還有甚麼比無聲無淚的悲更割痛。

在您冰冷之後的一整夜，我再次仔細地爬梳著塵封已久的記憶，細數著我們之間那些難盡的點點滴滴。胸口像是被一股龐大的巨力不斷地席捲和擠壓，狂亂的心緒只能毫無抵抗地不斷向下旋轉和墜落，旋墜在黑無間。

人生，如驛站，一揮手，成別離。

老師，您曾說過，人，生時當如夏花絢麗，死也當如秋葉靜美。

走了，您真的走了，在十月幽幽的深秋裡，如一片輕盈靜美的秋葉緩緩飄落。

這一生，您曾經，滾滾紅塵浪裡來，也從此，渺渺孤峰頂上去。

這一次，您辭土又辭人，隨風也隨雨，荒沙萬里間，孤天一人行。

這一回，您下課了，徒留我在您人生的教室裡日復一日悲傷的朗讀。

是夢，不是夢，人間一場。

Y　角　度　0　1　8

正義謊言的罪人

國家圖書館出版品預行編目 (CIP) 資料

正義謊言的罪人 / 陳金漢著 .
-- 初版 . -- 臺北市 : 健行文化 , 2018.12
面 ;　公分 . -- (Y 角度 ; 18)
ISBN 978-986-97026-0-7 (平裝)
1. 刑事案件 2. 個案研究
585.8　107018713

作者—— 陳金漢律師
責任編輯—— 曾敏英
創辦人—— 蔡文甫
發行人—— 蔡澤蘋
出版—— 健行文化出版事業有限公司
台北市 105 八德路 3 段 12 巷 57 弄 40 號
電話／ 02-25776564・傳真／ 02-25789205
郵政劃撥／ 0112295-1

九歌文學網　www.chiuko.com.tw

印刷—— 晨捷印製股份有限公司
法律顧問—— 龍躍天律師 ・ 蕭雄淋律師 ・ 董安丹律師
初版—— 2018 年 12 月
定價—— 320 元
書號—— 0201018
ISBN—— 978-986-97026-0-7